**OS REFLEXOS DA REFORMA TRABALHISTA
PARA O EMPREGADO DOMÉSTICO**

CHRISTIANO ABELARDO FAGUNDES FREITAS

Advogado. Pós-graduado em Direito e em Língua Portuguesa. Professor da Universo, da Faculdade de Direito de Campos (FDC) e da Universidade Candido Mendes. Advogado-orientador do Núcleo de Prática Jurídica da FDC e do Universo. Membro da Academia Campista de Letras (Cadeira n. 19). Escritor. Coordenador e professor do curso de pós-graduação lato sensu em Direito do Trabalho e Direito Processual do Trabalho da Faculdade de Direito de Campos. Autor de 16 livros. Presidente da Comissão OAB Cultura da 12ª Subseção. Diretor-Geral da Escola Superior de Advocacia da 12ª Subseção até junho/2018.

LÉA CRISTINA BARBOZA DA SILVA PAIVA

Advogada. Mestra pela UCAM. Professora da Universidade Candido Mendes. Professora do curso de pós-graduação lato sensu em Direito do Trabalho e Direito Processual do Trabalho da Faculdade de Direito de Campos. Advogada-orientadora do Núcleo de Prática Jurídica da Universidade Candido Mendes. Coautora de vários livros jurídicos.

Contatos dos autores para palestras, aulas, seminários e afins:
fagundes.3@hotmail.com (Christiano Fagundes)
renatopaiva_88@hormail.com (Léa Cristina)

OS REFLEXOS DA REFORMA TRABALHISTA PARA O EMPREGADO DOMÉSTICO

LTr

LTr EDITORA LTDA.

© Todos os direitos reservados

Rua Jaguaribe, 571
CEP 01224-003
São Paulo, SP — Brasil
Fone (11) 2167-1101
www.ltr.com.br
Fevereiro, 2019

Produção Gráfica e Editoração Eletrônica: RLUX
Projeto de capa: FABIO GIGLIO
Impressão: META BRASIL

Versão impressa — LTr 6134.9 — ISBN 978-85-361-9853-8
Versão digital — LTr 9522.5 — ISBN 978-85-361-9955-9

Dados Internacionais de Catalogação na Publicação (CIP)
(Câmara Brasileira do Livro, SP, Brasil)

Freitas, Christiano Abelardo Fagundes
  Os reflexos da reforma trabalhista para o empregado doméstico / Christiano Abelardo Fagundes Freitas, Léa Cristina Barboza da Silva Paiva. — São Paulo : LTr, 2018.

  Bibliografia.
  ISBN 978-85-361-9853-8

  1. Direito do trabalho 2. Direito do trabalho — Brasil 3. Empregados domésticos — Brasil 4. Empregados domésticos — Leis e legislação 5. Reforma constitucional - Brasil I. Paiva, Léa Cristina Barboza da Silva. II. Título.

18-20583   CDU-34:331:647.2(81)

Índice para catálogo sistemático:

1. Brasil : Empregados domésticos : Direito do trabalho 34:331:647.2(81)

Cibele Maria Dias — Bibliotecária — CRB-8/9427

Dedico esta obra a todos os meus colegas de ofício, advogados e professores, por desempenharem misteres tão nobres, mormente em um país marcado pela "falta";

Aos meus alunos da Universo, da Universidade Candido Mendes e da Faculdade de Direito de Campos (UNIFLU) (da graduação e da pós-graduação), pelo carinho, pelo respeito e pela amizade. Vocês são os verdadeiros responsáveis por esta obra e pelo sucesso das anteriores;

À minha grande amiga, Léa. Assiste razão aos nossos alunos: nós formamos uma equipe (vitoriosa) e não uma dupla;

À culta magistrada, Dra. Ana Maria Mendes do Nascimento, integrante do TRT da 17ª Região, pela honra a mim proporcionada de ter prefaciado diversos livros de minha autoria;

À professora Dra. Clarice Franco Pessanha, pela amizade e pelo carinho dispensado às nossas obras literárias;

Aos amigos Dr. Robson Toledo, Rafael Crespo Maciel Machado, Antônio Carlos Ferreira dos Santos Filho, Carlos Pires e Douglas Leonard;

Ao preclaro magistrado do trabalho, do TRT da 1ª Região, Dr. Cláudio Victor Freitas, pela grande honra e alegria a mim concedidas, ao prefaciar este livro: obrigado, mestre!;

Aos meus familiares, em especial, aos meus avós maternos, Francisco Fagundes e Adélia Chalita (ambos in memoriam*), à minha mãe, à minha tia Conceição Fagundes, aos meus irmãos e ao meu pai* in memoriam.

"O trabalhador é sujeito e não objeto da relação contratual, tendo assegurado, pelo ordenamento jurídico brasileiro, o respeito à sua dignidade e o direito a um ambiente de trabalho sadio, isento de comportamentos injuriosos e degradantes." (FAGUNDES, Christiano. *Vida Jagunça.* **3. ed. Rio de janeiro: Autografia, 2017)**

Christiano Fagundes

Dedico esta obra em especial, à Ana Maria Mendes do Nascimento, de quem serei eterna pupila;

À toda a minha família;

Ao meu querido Renato, companheiro incansável de vida;

À minha comadre Maria de Fátima, por tudo que representa na minha vida;

Ao meu amigo Dr. Edson Carvalho Rangel, grande operador do Direito, agradeço-o por ter me socorrido em um momento muito delicado da minha vida;

A todos os aviltados, espoliados, sofridos trabalhadores desta Pátria amada, já não mais idolatrada.

Agradeço a Deus por ter me dado a felicidade de colocar em meu caminho o grande companheiro e parceiro Christiano, que, com sua competência, sensatez, bondade, solidariedade e paciência, tornou mais esta obra realidade.

E, para encerrar, penso ser oportuno lembrar, parafraseando Paulo Freire, que "Não basta saber ler que 'Eva viu a uva'. É preciso compreender qual a posição que Eva ocupa no seu contexto social, quem trabalha para produzir a uva e quem lucra com esse trabalho".

Campos, inverno de 2018.

Léa Cristina Barboza da Silva Paiva

SUMÁRIO

Prefácio 11

Capítulo 1º — Evolução legislativa referente ao empregado doméstico 13

Capítulo 2º — Conceito e exemplos de empregado doméstico 18
2.1. Conceito 18
2.2. Exemplos de empregados domésticos 23
2.3. Doméstico e república estudantil 25
2.4. Doméstico ou rural? 26

Capítulo 3º — Reforma Trabalhista: breves comentários ao Direito Individual do Trabalho 28

Capítulo 4º — Direitos trabalhistas dos empregados domésticos 59
4.1. Salário mínimo 59
    4.1.1. Proteção quanto a descontos no salário 60
4.2. Irredutibilidade salarial 61
4.3. Garantia de salário, nunca inferior ao mínimo, para os que percebem remuneração variável ... 61
4.4. Proteção do salário na forma da lei, constituindo crime sua retenção dolosa 62
4.5. Anotação na Carteira de Trabalho e Previdência Social (CTPS) 62
    4.5.1. Contrato de experiência 62
4.6. Adicional noturno 63
4.7. Adicional de acompanhamento em viagem 64
4.8. Décimo terceiro salário 65
4.9. Repouso semanal remunerado e feriado 65
4.10. Aviso-prévio 67
4.11. Jornada de 8 horas e módulo semanal de trabalho de 44 horas 70
    4.11.1. Controle de frequência 71
4.12. Regime de tempo parcial 73

4.13. Regime de 12h x 36h 73

4.14. Férias 74

4.15. Licença-maternidade e estabilidade da gestante e do adotante 77

4.16. Licença-paternidade 79

4.17. Seguro contra acidente de trabalho 79

4.18. Vale-transporte 80

4.19. Fundo de Garantia do Tempo de Serviço (FGTS) 80

    4.19.1. Indenização do FGTS 81

4.20. Seguro-desemprego 82

4.21. Intervalos intrajornada e interjornada 82

4.22. Salário-família 84

4.23. Multa prevista no art. 477, § 8º, da CLT 85

4.24. Distrato 87

Capítulo 5º — Direitos trabalhistas não estendidos aos domésticos 88

5.1. Sucessão de empregadores 88

5.2. Adicional de insalubridade 89

5.3. Adicional de periculosidade 91

5.4. Adicional de transferência 92

5.5. Equiparação salarial 92

5.6. Multa prevista no art. 467, da CLT 93

5.7. Assistência na rescisão contratual 94

5.8. Art. 500, da CLT 95

5.9. Programa de Integração Social (PIS) 95

Capítulo 6º — Empregado doméstico e assédio moral 97

6.1. Atraso no pagamento de salário e de verbas rescisórias e ausência de recolhimento previdenciário 98

6.2. Uso de palavras ou de expressões depreciativas 101

6.3. Falta de assinatura na CTPS 103

6.4. Registros indevidos na CTPS 104

6.5. Dano existencial e empregado doméstico 106

CAPÍTULO 7º — Algumas especificidades da relação de emprego doméstico trazidas pela LC n. 150/2015 110

7.1. Fiscalização e impenhorabilidade do bem de família 110

7.2. Simples doméstico 111

7.3. Dispensa por justa causa 111

7.4. Rescisão indireta — justa causa do empregador 112

Referências bibliográficas 115

PREFÁCIO

É com imenso prazer e satisfação que apresento o prefácio desta belíssima obra de autoria de dois grandes mestres e amigos, dr. Christiano Abelardo Fagundes Freitas e dra. Léa Cristina Barboza da Silva Paiva.

O tema não poderia ser melhor e mais atual: o trabalho doméstico. E isso porque, em que pese se tratar de uma das mais antigas formas de trabalho no Brasil e a absoluta importância e essencialidade para o funcionamento das instituições sociais como um todo, sua abordagem legal e doutrinária sempre foi relegada a segundo plano, possivelmente em razão do histórico desprestígio para com tal forma de trabalho.

Na verdade, segundo a Organização Internacional do Trabalho (OIT)[1], o trabalho doméstico é uma das ocupações com níveis de remuneração mais baixos no mundo. Além disso, em 2016, o Brasil tinha 6,158 milhões de trabalhadoras(es) domésticas(os), dos quais 92% eram mulheres. O número de crianças e adolescentes em situação de trabalho infantil doméstico no Brasil teve uma diminuição de 61,6% entre 2004 e 2015, passando de 406 mil para 156 mil. E, em 2015, 88,7% das(os) trabalhadoras(es) domésticas(os) entre 10 e 17 anos no Brasil eram meninas e 71% eram negras(os). Certamente esses dados nos apresentam, então, os motivos da importância diminuta conferida ao trabalho doméstico: um labor, em sua maioria, exercido por mulheres negras e de baixa renda, ou seja, razões de ordem social, econômica, racial (em que pese discussão de longa data acerca do conceito de "raça") e de gênero.

É de relevância ressaltar que o constituinte originário, ao elaborar a nossa Carta Republicana de 1988, demonstrou-se atento à necessidade de conferência de dignidade ao trabalhador doméstico ao estipular, no art. 7º, parágrafo único de nosso diploma constitucional, os seus direitos básicos. Ocorre que tal categoria sempre mereceu e quis mais: a digna equiparação para com os demais empregados, eis que inexistente qualquer razão plausível para o tratamento desigual.

E assim foi feito por meio da Emenda Constitucional n. 72/2013, alterando profundamente o referido art. 7º, parágrafo único da nossa Constituição, conferindo novos e desejados direitos, tanto por meio de normas de eficácia imediata quanto pela eficácia limitada, o que fez surgir,

---

(1) Organização Internacional do Trabalho (OIT). Disponível em: <http://www.ilo.org/brasilia/temas/trabalho--domestico>. Acesso em: 3 jul. 2018.

prontamente, detalhado diploma normativo infraconstitucional, qual seja, Lei Complementar n. 150/2015.

Resta importante informar que o movimento de nossas casas legislativas, seja por meio do constituinte derivado, seja pelo legislativo infraconstitucional, abriu as portas para que o Brasil ratificasse a Convenção n. 189 e Recomendação 201, ambas da OIT (exatamente sobre trabalho doméstico) neste ano de 2018, em movimento inverso ao comum, apresentando, assim, a relevância do tratamento conferido dignamente pelo Poder Legislativo.

Dessa forma, nada mais justo que conferir uma obra específica e detalhada sobre tão relevante tema, estando dividida de maneira absolutamente didática, com linguagem clara e acessível, uma prática mais que hábil e agradável, como é de praxe em relação aos autores.

Sem mais delongas, desejo a todos e todas uma ótima leitura!

Campos dos Goytacazes, inverno de 2018.

Claudio Victor de Castro Freitas
Juiz do Trabalho do TRT da 1ª Região. Pós-graduado em Direito do Trabalho e Processo do Trabalho pela Universidade Veiga de Almeida — UVA e Mestre em Direito e Relações Sociais pela Universidade Federal Fluminense — UFF.

CAPÍTULO 1º
EVOLUÇÃO LEGISLATIVA REFERENTE AO EMPREGADO DOMÉSTICO

Na abertura desta Obra, revela-se didático e oportuno registrar os principais diplomas legais referentes aos direitos trabalhistas assegurados ao empregado doméstico, sobretudo pelo fato de a Consolidação das Leis Trabalhistas (CLT) excluir essa categoria profissional do âmbito de sua aplicabilidade (art. 7º, "a").

A Lei n. 5.859/1972 foi responsável por assegurar aos empregados domésticos um mínimo de cidadania jurídica, ao garantir-lhes 3 (três) direitos: assinatura na Carteira de Trabalho e Previdência Social (CTPS), inserção na Previdência Social como segurado obrigatório e férias anuais e remuneradas, nesta época de 20 (vinte) dias úteis. Mister trazer a lume que o Decreto n. 71.885/73, no art. 2º, que regulamentava a lei supracitada, determinava a aplicação do capítulo da CLT referente às férias aos empregados domésticos, *in verbis*: "art 2º Excetuando o Capítulo referente a férias, não se aplicam aos empregados domésticos as demais disposições da Consolidação das Leis do Trabalho." É importante frisar que, durante décadas, houve considerável divergência, doutrinária e jurisprudencial, quanto às férias do doméstico, ou seja, para uma corrente, predominava a norma prevista na Lei n. 5.859/72 (20 dias úteis); para outra, prevalecia a regra prevista na CLT, qual seja: 30 dias corridos, em decorrência do art. 2º do Decreto acima.

Como se vê, diversos direitos trabalhistas ainda não eram estendidos à categoria profissional ora objeto de análise, entre eles: 1) a garantia ao recebimento, pelo menos, do salário mínimo por mês; 2) décimo terceiro salário; 3) repouso semanal remunerado.

O Decreto n. 95.247/1987, de forma explícita, estendeu aos empregados domésticos o direito ao Vale-Transporte.

A Constituição da República Federativa do Brasil (CRFB), promulgada em 5.10.1988, representou um avanço, ampliando a cidadania jurídica dos empregados domésticos. Impende consignar que a CRFB/88 assegurou outros 8 (oito) direitos aos domésticos, por meio do parágrafo único, do art. 7º. São eles:

1) salário mínimo;

2) irredutibilidade salarial;

3) décimo terceiro salário;

4) repouso semanal remunerado, preferentemente, aos domingos;

5) gozo de férias anuais remuneradas com, pelo menos, um terço a mais do que o salário normal;

6) licença à gestante, sem prejuízo do emprego e do salário, com interregno mínimo de 120 (cento e vinte) dias;

7) licença- paternidade;

8) aviso-prévio de, no mínimo, 30 dias;

9) aposentadoria;

10) integração à Previdência Social.

Afirmamos que a CRFB/88 acresceu 8 (oito) direitos, porque o direito a férias e o direito à integração à Previdência Social já eram garantidos na esfera infraconstitucional, pela Lei n. 5.859/72, como informado no início deste capítulo. Nesta toada, a lição do professor Mauricio Godinho Delgado, *in verbis*:

> A Constituição de 1988 garantiu à categoria doméstica um leque muito mais extenso do que as conquistas anteriormente alcançadas (até então, somente quatro direitos).

A Medida Provisória (MP) n. 1.986/1999 acresceu dispositivos à Lei n. 5.859/1972, para "facultar" o acesso ao Fundo de Garantia do Tempo de Serviço (FGTS) e ao seguro-desemprego. Essa "faculdade" só se tornou possível, a partir de março de 2000, com o Decreto n. 3.361, de 10.2.2000, *ipsis litteris*:

> "Art. 1º O empregado doméstico poderá ser incluído no Fundo de Garantia do Tempo de Serviço — FGTS, de que trata a Lei n. 8.036, de 11 de maio de 1990, mediante requerimento do empregador, a partir da competência março do ano 2000.
>
> § 1º Para efeito deste Decreto, o requerimento consistirá na apresentação da guia de recolhimento do FGTS, devidamente preenchida e assinada pelo empregador, na Caixa Econômica Federal — CEF ou na rede arrecadadora a ela conveniada.
>
> § 2º Efetivado o primeiro depósito na conta vinculada, o empregado doméstico será automaticamente incluído no FGTS.
>
> Art. 2º A inclusão do empregado doméstico no FGTS é irretratável com relação ao respectivo vínculo contratual e sujeita o empregador às obrigações e penalidades previstas na Lei n. 8.036, de 1990.
>
> Art. 3º O benefício do seguro-desemprego de que trata a Lei n. 5.859, de 11 de dezembro de 1972, será concedido ao trabalhador, vinculado ao FGTS, que tiver trabalhado como doméstico por um período mínimo de quinze meses nos últimos vinte e quatro meses, contados da data de sua dispensa sem justa causa".

Muitas outras medidas provisórias foram editadas, referentes à faculdade conferida aos empregadores domésticos de incluírem os respectivos empregados no sistema do FGTS, como, por exemplo, a MP n. 2.104-16, de 2001, que fora convertida na Lei n. 10.208/2001, que acrescentou artigos à Lei n. 5.859/72.

A prática forense trabalhista nos revelou que a Lei n. 10.208/2001 não teve muita efetividade, porque, como a inclusão do empregado doméstico ao sistema do FGTS era uma "faculdade" conferida ao empregador, tornou-se letra morta, sobretudo pelo fato de que, uma vez feita a referida inclusão, o empregador doméstico não poderia voltar atrás, ou seja, a conduta era irretratável, com relação àquele contrato de emprego e, automaticamente, ao dispensar o empregado doméstico, sem justa causa, ficava obrigado a pagar-lhe a indenização de 40% (quarenta por cento) sobre os depósitos devidos a título de FGTS.

A Lei n. 11.324/2006 trouxe 4 (quatro) direitos aos empregados domésticos. São eles:

1) descanso remunerado em feriados (ao revogar o art. 5º, da Lei n. 605/1949, que, expressamente, não garantia esse direito aos domésticos);

2) 30 (trinta dias) corridos de férias, para os períodos aquisitivos iniciados após a data de sua publicação, qual seja: 20.07.2006, acabando, assim, com toda uma discussão doutrinária e jurisprudencial neste particular (conferindo nova redação ao art. 3º, da Lei n. 5.859/1972);

3) garantia de emprego (estabilidade) à gestante, desde a confirmação da gravidez até cinco meses após o parto (art. 4º-A, Lei n. 5.859/1972);

4) a proibição, expressa, de desconto, no salário do empregado doméstico, por fornecimento de alimentação, vestuário, higiene e moradia. No que tange à moradia, era permitido o desconto no salário, desde que ocorresse em local diverso de onde se dava a prestação de serviços e houvesse acordo expresso entre as partes neste particular (art. 2º-A, Lei n. 5.859/1972).

O professor Mauricio Godinho Delgado aponta outra peculiaridade da Lei n. 11.324/2006, *in verbis*:

> O mesmo diploma também criou incentivo fiscal para o empregador doméstico, permitindo-lhe deduzir do imposto de renda, desde o ano fiscal de 2006 (exercício 2007) a até o ano fiscal de 2011 (exercício 2012), as contribuições previdenciárias patronais mensais (inclusive sobre 13º salário e terço de férias), respeitados o teto de um salário mínimo como salário de contribuição e o lançamento de um único empregado (arts. 1º e 8º da Lei n. 11.324/06).

O supracitado doutrinador e Ministro do C. Tribunal Superior do Trabalho (TST), em nota de rodapé, faz o seguinte acréscimo à informação anterior, *ipsis litteris*:

> O incentivo fiscal tem sido reiteradamente prorrogado para anos subsequentes. Nesse quadro, está ora previsto para vigorar até o exercício de 2019, ano-calendário de 2018 (art. 12, VII da Lei n. 9.250/95, conforme redação conferida pela Medida Provisória n. 656, de 7.10.2014).

A Emenda Constitucional (EC) n. 72/2013, publicada em 3.4.2013, trouxe novos 16 (dezesseis) direitos à categoria dos empregados domésticos. Abaixo, iremos arrolar os direitos que tiveram vigência imediata, decorrentes da EC n. 72/13, pois alguns ficaram pendentes de regulamentação.

a) garantia de salário, nunca inferior ao mínimo, para os que percebem remuneração variável;

b) proteção do salário na forma da lei, constituindo crime sua retenção dolosa;

c) duração do trabalho normal não superior a 8 (oito) horas diárias e 44 (quarenta e quatro) horas semanais, facultada a compensação de horários e a redução da jornada, mediante acordo ou convenção coletiva de trabalho;

d) remuneração do serviço extraordinário superior, no mínimo, em 50 (cinquenta) por cento à do normal;

e) redução dos riscos inerentes ao trabalho, por meio de normas de saúde, higiene e segurança;

f) reconhecimento das convenções e dos acordos coletivos de trabalho;

g) proibição de diferença de salários, de exercício de funções e de critério de admissão por motivo de sexo, idade, cor, ou estado civil;

h) proibição de qualquer discriminação no tocante a salário e critérios de admissão do trabalhador portador de deficiência;

i) proibição de trabalho noturno, perigoso ou insalubre a menores de dezoito anos.

Ficaram pendentes de regulamentação:

a) relação de emprego protegida contra despedida arbitrária ou sem justa causa;

b) seguro-desemprego, em caso de desemprego involuntário;

c) fundo de garantia do tempo de serviço (FGTS);

d) remuneração do trabalho noturno superior à do diurno;

e) salário-família pago em razão do dependente do trabalhador de baixa renda;

f) assistência gratuita aos filhos e dependentes desde o nascimento até 5 (cinco) anos de idade em creches e pré-escolas;

g) seguro contra acidentes de trabalho, a cargo do empregador, sem excluir a indenização a que este está obrigado, quando incorrer em dolo ou culpa.

A Lei Complementar (LC) n. 150/2015 se nos revela, inexoravelmente, o grande marco legislativo, revogando, expressamente, a Lei n. 5859/72. A LC n. 150/2015 dirimiu muitas controvérsias relacionadas aos domésticos, tais como: a) a idade mínima para a contratação desse trabalhador; b) a partir de quantos dias de labor, por semana, configuraria o vínculo empregatício; c) a possibilidade da contratação por meio do contrato de tirocínio, entre outras. Como este assunto revela-se o ponto central deste compêndio, os direitos decorrentes da LC supra são analisados em capítulo específico, qual seja: o 4º (quarto).

CAPÍTULO 2º
CONCEITO E EXEMPLOS DE EMPREGADO DOMÉSTICO

2.1. CONCEITO

Segundo o art. 1º, da Lei Complementar n. 150/2015, é empregado doméstico "aquele que presta serviços de forma contínua, subordinada, onerosa e pessoal e de finalidade não lucrativa à pessoa ou à família, no âmbito residencial destas, por mais de 2 (dois) dias por semana".

Vale registrar que, de acordo com o parágrafo único do mencionado artigo, "É vedada a contratação de menor de 18 (dezoito) anos para desempenho de trabalho doméstico, de acordo com a Convenção n. 182, de 1999, da Organização Internacional do Trabalho (OIT) e com o Decreto n. 6.481, de 12 de junho de 2008."

O professor Carlos Henrique Bezerra Leite defende que a expressão "empregado doméstico" não é a mais adequada, preferindo o termo "trabalhador doméstico". Em síntese, são 4 (quatro) os argumentos utilizados neste particular por esse doutrinador. São eles: 1) embora seja subordinado, o doméstico não é destinatário de todos os direitos assegurados ao empregado urbano e ao rural; 2) a CRFB/88 adotou expressamente o termo "trabalhadores domésticos", no art. 7º, parágrafo único; 3) a própria LC n. 150/2015 utiliza, promiscuamente, os dois termos "empregados" e "trabalhadores" domésticos, citando, como exemplo, o art. 28; 4) a Convenção 189 da OIT adota expressamente o termo "trabalhador". Discordamos, *data venia*, desse grande jurista. A legislação específica, qual seja, LC n. 150/2015, utiliza os dois termos e, ademais, empregado é espécie de trabalhador, pois todo empregado é um trabalhador, embora o contrário não seja verdadeiro, pois nem todo trabalhador é empregado. Mister ainda trazer a lume que a expressão "empregado doméstico" é de largo uso na doutrina, intitulando diversas obras, bem como nos tribunais trabalhistas.

Observamos que o novo diploma legal, ao conceituar empregado doméstico, continuou perpetrando a atecnia legislativa constante na Lei n. 5.859/1972, ao continuar usando a expressão **"no"** âmbito residencial, pois, na realidade, conforme já registrado, em outras obras de nossa autoria, é empregado doméstico tanto aquele que presta serviços **"no"** âmbito residencial como também aquele que labora **para** o âmbito da residência, pois o motorista, por exemplo, não trabalha **no** interior da residência e pode ser um doméstico, quando trabalha para família ou para pessoa física, desde que o seu trabalho seja tomado de forma contínua e sem fins lucrativos.

Assim, elaboramos o seguinte conceito:

> Empregado doméstico é a pessoa física, maior de 18 anos de idade, que trabalha de forma pessoal, subordinada e contínua, para pessoa ou família, que não explore atividade lucrativa, "no" ou "para" o âmbito residencial dessas, mediante salário e por mais de dois dias na semana.

Assim, a LC n. 150/2015 acabou por conceituar também o "trabalhador diarista". Nesse sentido, a seguinte ementa:

AGRAVO DE INSTRUMENTO EM RECURSO DE REVISTA. RECONHECIMENTO DE VÍNCULO DE EMPREGO. DIARISTA. PRESTAÇÃO DE SERVIÇOS DUAS VEZES POR SEMANA. AUSÊNCIA DE CONTINUIDADE. I — Nos termos do art. 1º da Lei n. 5.859/72, aplicável à época da prestação de serviços, por conta da regra de direito intertemporal, considera-se empregado doméstico "aquele que presta serviços de natureza contínua e de finalidade não lucrativa à pessoa ou à família, no âmbito residencial". II — No presente caso, o conjunto fático-probatório dos autos revela que a reclamante laborava como diarista *duas vezes por semana*, situação em que o Regional não reconheceu o vínculo de emprego considerando emblemática a ausência do requisito da continuidade e não se manifestando a respeito dos demais elementos caracterizadores da relação de emprego. III — Vê-se, portanto, que o Tribunal de origem entendeu que o trabalho de diarista, com fundamento no lapso temporal fracionado de duas vezes por semana, desnatura o vínculo de emprego do doméstico. IV — É certo que para se considerar contínuo o trabalho da empregada **doméstica**, não há necessidade de ele ser prestado todos os dias, sem interrupção, bastando apenas que o trabalho seja prestado de forma continuada, ainda que intermitente. Nessa linha de raciocínio, mesmo que a diarista trabalhe três dias por semana, se não o fizer apenas ocasionalmente, é considerado trabalho contínuo. V — Nessa diretriz, a jurisprudência majoritária desta Corte passou a se firmar no sentido de que a prestação de serviços por apenas dois dias na semana não revela continuidade na prestação de serviços. VI — **Por fim, ainda que as disposições contidas na nova legislação não se apliquem à hipótese vertente, em termos de fundamentação obter** *dictum***, vale destacar que a Lei Complementar n. 150 de 2015, ao alterar significativamente a legislação dos domésticos não extinguiu a diarista como exercente de trabalho autônomo, mas regulamentou que o trabalho prestado por faxineira ou diarista, em residências, acima de duas vezes por semana configura relação de emprego.** VII — Dessa forma, considerando a falta do elemento da continuidade, à medida que a reclamante trabalha somente duas vezes por semana, não há como se reconhecer o vínculo de emprego entre as partes. VIII — Agravo de instrumento a que se nega provimento. (Processo: AIRR — 1000292-92.2013.5.02.0466 Data de Julgamento: 9.11.2016, Relator Ministro: Antonio José de Barros Levenhagen, 5ª Turma, Data de Publicação: DEJT 11.11.2016). (grifo do autor)

Logo, caso uma pessoa seja contratada para cozinhar para um restaurante, não será empregada doméstica, pois, além de não trabalhar para uma pessoa física, a atividade desenvolvida pelo empregador visa ao lucro. Essa cozinheira será uma empregada regida pela CLT e não pela Lei Complementar n. 150/2015.

A pessoa que trabalha em um escritório de advocacia, em um consultório médico ou odontológico, fazendo faxina ou preparando cafezinho, não é empregada doméstica, porque a atividade desenvolvida pelo empregador, nesses casos, visa ao "lucro". À guisa de reforço, consigna-se que, quando uma pessoa é contratada para fazer salgadinhos que serão vendidos pelo empregador, não será trabalhadora doméstica, mas uma empregada regida pela CLT, mesmo que os salgados sejam preparados na residência do empregador, pois existe a intenção de lucro por parte deste.

Com espeque no conceito supra, verifica-se que, para ser empregado doméstico, são necessários os seguintes requisitos:

a) ser pessoa física;

b) trabalhar para pessoa física ou para a família, "para" ou "no" o âmbito residencial dessas;

c) laborar de forma onerosa, subordinada e contínua;

d) que o labor desenvolvido não seja explorado com intuito de lucro, por parte do empregador.

Sugerimos, para fins didáticos, a memorização da sigla COPANS, pois reúne os requisitos fundamentais do conceito de empregado doméstico:

Continuidade;

Onerosidade;

Pessoalidade;

Alteridade;

Não-lucratividade;

Subordinação.

Entre os requisitos supracitados, o que mais causava polêmica era o relativo ao trabalho de "forma contínua", pois muitos entendiam que, para a caracterização da "continuidade" no desempenho do labor, havia a necessidade de trabalho superior a três dias na semana. Esse era o entendimento do Egrégio TRT da 1ª Região, plasmado na Súmula n. 19, *verbis*: "A prestação laboral doméstica realizada até três vezes por semana não enseja configuração do vínculo empregatício, por ausente o requisito da continuidade previsto no art. 1º da Lei n. 5.859/72". Com a publicação da LC n. 150/2015, o TRT da 1ª Região cancelou a Súmula citada.

O que contribuía para a celeuma era a terminologia diferenciada adotada pela Lei n. 5.859/72, que exigia o labor "contínuo", para configurar o liame empregatício com o doméstico, enquanto a CLT exige que o trabalho seja prestado de forma "não-eventual", ao definir empregado (art. 3º). Muitos doutrinadores e juízes entendem que labor prestado de forma contínua é diferente de labor prestado de forma não-eventual, sendo aquele termo mais rígido do que este. O texto abaixo ratifica esta assertiva, *verbis*:

> A) AGRAVO DE INSTRUMENTO EM RECURSO DE REVISTA. DIARISTA. VÍNCULO EMPREGATÍCIO. EMPREGADO DOMÉSTICO. NÃO CARACTERIZAÇÃO. Constatada a aparente violação do art. 1º da Lei n. 5.859/72, impõe-se prover o agravo de instrumento para determinar o processamento do recurso de revista. Agravo de instrumento conhecido e provido. B) RECURSO DE REVISTA. DIARISTA. VÍNCULO EMPREGATÍCIO. EMPREGADO DOMÉSTICO. NÃO CARACTERIZAÇÃO. Do exame do art. 1º da Lei n. 5.859/72, percebe-se que o reconhecimento do vínculo empregatício do doméstico está condicionado à continuidade na prestação dos serviços, não se prestando ao reconhecimento do liame a realização de trabalho durante alguns dias da semana. No caso, segundo a realidade que o acórdão regional revela, nota-se que efetivamente não restou demonstrado o preenchimento do requisito da continuidade previsto no art. 1º da Lei n. 5.859/72, mas, sim, o labor exercido em um ou dois dias da semana. Assim, não há como reconhecer o vínculo empregatício entre as partes, pois, na hipótese, está-se diante de serviço prestado na modalidade de empregado diarista. Recurso de revista conhecido e provido. (TST, 8ª Turma, RR 101-83.2010.5.01.0244, Relatora Ministra Dora Maria da Costa, DEJT de 1º.7.2014).

Mister trazer à luz o entendimento abaixo, da relatoria da Ministra Dra. Dora Maria da Costa, conforme consta do acórdão lavrado nos autos do processo supracitado, *verbis*:

> O art. 3º da CLT exige, para o reconhecimento do vínculo empregatício, entre outros, o elemento da prestação de serviços não eventual.
>
> Por outro lado, mas na mesma linha, o art. 1º da Lei n. 5.859/72, que trata da profissão do empregado doméstico, dispõe, *in verbis*:
>
>> "Art. 1º. Ao empregado doméstico, assim considerado aquele que presta serviços de natureza contínua e de finalidade não lucrativa à pessoa ou à família no âmbito residencial destas, aplica-se o disposto nesta lei."
>
> Dos textos legais em exame, percebe-se que o reconhecimento do vínculo empregatício do doméstico está condicionado à continuidade na prestação dos serviços, não se prestando ao reconhecimento do liame a realização de trabalho durante alguns dias da semana, ainda que tal situação perdure no tempo, considerando-se que, para o doméstico com vínculo de emprego permanente, a jornada de trabalho, geral e normalmente, é executada de segunda a sábado, ou seja, seis dias na semana, até porque foi assegurado ao doméstico o descanso semanal remunerado, preferencialmente aos domingos (CF, art. 7º, XV, parágrafo único).

Não se pode menosprezar a diferença do tratamento dado pelo legislador a cada modalidade de trabalhador. São situações distintas, em que os serviços do doméstico corresponderão às necessidades permanentes da família e do bom funcionamento da residência. As atividades desenvolvidas em alguns dias da semana, com relativa liberdade de horário e vinculação a outras residências e percepção de pagamento, ao final de cada dia, apontam para a definição do trabalhador autônomo, identificado como diarista.

No caso, segundo a realidade que o acórdão regional revela, não restou configurada a continuidade na prestação dos serviços, o que, repita-se, a teor do art. 1º da Lei n. 5.859/72, constitui elemento intransponível para a configuração do vínculo de emprego doméstico.

A Lei Complementar n. 150/2015 apaziguou a retrocitada celeuma, pois o legislador adotou critério objetivo para a aferição da continuidade, qual seja: labor em mais de 2 (dois) dias da semana. Nesse sentido, a seguinte ementa:

> VÍNCULO DE EMPREGO. DOMÉSTICO. NÃO CONFIGURAÇÃO. Não é doméstica a trabalhadora de residência que lá comparece em apenas dois dias da semana, por faltar na relação jurídica o elemento continuidade (TRT 1ª Região. 3ª Turma. Proc. RO 00116763620155010431. Relatora Monica Batista Vieira Puglia. DOU 10.5.2017).

Oportuno registrar o acórdão abaixo, por, expressamente, ressaltar que a LC n. 150/2015 não extinguiu a figura da "diarista", autônoma, *in verbis*:

> AGRAVO DE INSTRUMENTO EM RECURSO DE REVISTA. RECONHECIMENTO DE VÍNCULO DE EMPREGO. DIARISTA. PRESTAÇÃO DE SERVIÇOS DUAS VEZES POR SEMANA. AUSÊNCIA DE CONTINUIDADE. I — Nos termos do art. 1º da Lei n. 5.859/72, aplicável à época da prestação de serviços, por conta da regra de direito intertemporal, considera-se empregado doméstico "aquele que presta serviços de natureza contínua e de finalidade não lucrativa à pessoa ou à família, no âmbito residencial". II — No presente caso, o conjunto fático-probatório dos autos revela que a reclamante laborava como diarista *duas vezes por semana*, situação em que o Regional não reconheceu o vínculo de emprego considerando emblemática a ausência do requisito da continuidade e não se manifestando a respeito dos demais elementos caracterizadores da relação de emprego. III — Vê-se, portanto, que o Tribunal de origem entendeu que o trabalho de diarista, com fundamento no lapso temporal fracionado de duas vezes por semana, desnatura o vínculo de emprego do doméstico. IV — É certo que para se considerar contínuo o trabalho da empregada doméstica, não há necessidade de ele ser prestado todos os dias, sem interrupção, bastando apenas que o trabalho seja prestado de forma continuada, ainda que intermitente. Nessa linha de raciocínio, mesmo que a diarista trabalhe três dias por semana, se não o fizer apenas ocasionalmente, é considerado trabalho contínuo. V — Nessa diretriz, a jurisprudência majoritária desta Corte passou a se firmar no sentido de que a prestação de serviços por apenas dois dias na semana não revela continuidade na prestação de serviços. VI — Por fim, ainda que as disposições contidas na nova legislação não se apliquem à hipótese vertente, em termos de fundamentação obter *dictum*, vale destacar que a Lei Complementar n. 150 de 2015, ao alterar significativamente a legislação dos domésticos

não extinguiu a diarista como exercente de trabalho autônomo, mas regulamentou que o trabalho prestado por faxineira ou diarista, em residências, acima de duas vezes por semana configura relação de emprego. VII — Dessa forma, considerando a falta do elemento da continuidade, à medida que a reclamante trabalha somente duas vezes por semana, não há como se reconhecer o vínculo de emprego entre as partes. VIII — Agravo de instrumento a que se nega provimento. (Processo: AIRR — 1000292-92.2013.5.02.0466, Data de Julgamento: 9.11.2016, Relator Ministro: Antonio José de Barros Levenhagen, 5ª Turma, Data de Publicação: DEJT 11.11.2016).

2.2. EXEMPLOS DE EMPREGADOS DOMÉSTICOS

Quem poderá ser empregado doméstico? Um professor, um motorista, uma babá, um *"personal trainer"*, um enfermeiro, uma cuidador de idoso, um caseiro, um piloto de avião, um marinheiro particular, um vigia, um segurança particular ou qualquer outro profissional? A resposta aos questionamentos retro é sim, porquanto o que demarca a qualificação de empregado doméstico é o binômio: a) prestação de serviços de natureza contínua para o âmbito residencial do tomador; b) a finalidade não lucrativa.

Dessarte, o segurança particular que labora para pessoa ou família, de forma onerosa e contínua e sem finalidade lucrativa, é empregado doméstico. Nesse diapasão, o seguinte aresto:

> AGRAVO DE INSTRUMENTO. EMPREGADO DOMÉSTICO. SEGURANÇA PARTICULAR. MATÉRIA FÁTICA. É insuscetível de revisão, em sede extraordinária, a decisão proferida pelo Tribunal Regional à luz da prova carreada aos autos. Somente com o revolvimento do substrato fático-probatório dos autos seria possível afastar a premissa sobre a qual se erigiu a conclusão consagrada pelo Tribunal Regional, no sentido de que o reclamante fora contratado como segurança para trabalhar no âmbito familiar, sendo, portanto, empregado doméstico. Incidência da Súmula n. 126 do Tribunal Superior do Trabalho. Agravo de instrumento a que se nega provimento. (Processo: AIRR — 203140-94.2006.5.02.0025 Data de Julgamento: 10.11.2010, Relator Ministro: Lelio Bentes Corrêa, 1ª Turma, Data de Publicação: DEJT 19.11.2010)

O "enfermeiro" e o cuidador de idoso que laboram de forma subordinada, na residência do tomador do serviço, ou, até mesmo, no hospital, substituindo ou auxiliando alguém da família no acompanhamento do enfermo, mediante o recebimento de salário e de forma contínua, são, nesse contexto, também empregados domésticos. Oportuno registrar o entendimento dos tribunais quanto a esse assunto. *Verbis*:

> "RECURSO ORDINÁRIO. TÉCNICA DE ENFERMAGEM. ÂMBITO RESIDENCIAL. EMPREGADA DOMÉSTICA. Em que pese a autora ter qualificação em técnica de enfermagem, os serviços foram prestados para pessoa física e em âmbito residencial, o que qualifica a relação havida entre as partes como labor doméstico, em razão da disposição constante do art. 1º da Lei n. 5.859/72. Recurso ordinário a que se nega provimento." (TRT, 8ª Reg., PROCESSO N. 0001116-78.2010.5.06.0008 (RO), Rel. Juíza convocada Aline Pimentel Gonçalves)

AGRAVO DE INSTRUMENTO. RECURSO DE REVISTA. PROCEDIMENTO SUMARÍSSIMO. CUIDADORA DE IDODOS. VÍNCULO DE EMPREGO DOMÉSTICO RECONHECIDO. VIOLAÇÃO À DISPOSITIVO CONSTITUCIONAL. NÃO OCORRÊNCIA. 1. O e.Regional entendeu que o trabalho da reclamante como cuidadora de idoso na residência da reclamada, por mais de dois anos, nos finais de semana, configurou a continuidade na prestação de serviços a amparar o reconhecimento do vínculo de emprego doméstico. (...) 5. Agravo de instrumento de que se conhece e a que se nega provimento. (Processo: AIRR — 1813-72.2013.5.03.0010 Data de Julgamento: 03/09/2014, Relatora Desembargadora Convocada: Sueli Gil El Rafihi, 4ª Turma, Data de Publicação: DEJT 5.9.2014).

O professor de Educação Física (*"personal trainer"*), contratado diretamente pela pessoa que irá ser treinada, para ministrar "aulas" de ginástica, dentro ou fora de academia, mais de dois dias na semana (mormente se os dias forem escolhidos pelo "aluno"), mediante salário, com continuidade e pessoalidade na prestação do serviço, será um empregado doméstico.

Um piloto de avião, contratado para servir a uma família, de forma subordinada, contínua e com pessoalidade, é um empregado doméstico, pois, conforme se registrou acima, nesse caso, a atividade desenvolvida pelo empregador não visa ao lucro e o empregado labora para uma família. Nesse sentido a Portaria n. SPS-02, de 6 de junho de 1979 (DOU DE 11.7.79), abaixo transcrita:

O Secretário de Previdência Social, no uso de suas atribuições, e

CONSIDERANDO a conveniência de atualizar, em face dos Decretos ns. 83.080 e 83.081, de 24.1.79, que aprovaram, respectivamente, os Regulamentos dos Benefícios (RBPS) e do Custeio (RCPS) da Previdência Social, a Portaria n. SPS-9, de 3.11.1978, que estabeleceu normas sobre filiação, inscrição e incidência de contribuições, na previdência social,

RESOLVE:

Casos especiais

10 — O piloto ou comandante de aeronave que exerce, sem relação de emprego, habitualmente e por conta própria, atividade profissional remunerada (CLPS, 4º, IV, a) ou presta serviços de natureza contínua e de finalidade não lucrativa à pessoa ou à família, no âmbito residencial destas (CLPS, 4º, III) é considerado, respectivamente, trabalhador autônomo ou empregado doméstico (Parecer n. CJ/MPAS-6/78).

Disposição final

55 — Esta Portaria substitui a Portaria n. SPS-9, de 3.11.1978, e revoga as disposições em contrário.

MILTON MARTINS MORAES **Secretário.**

Da mesma forma, pode ocorrer, por exemplo, com o motorista e com o vigia. *Verbis*:

RELAÇÃO DE TRABALHO DOMÉSTICA. CONFIGURAÇÃO. Nos termos do art. 1°, da Lei n. 5.859/72, doméstico é a pessoa física que trabalha de forma pessoal, subordinada, continuada e mediante salário, para outra pessoa física ou família que não explore atividade lucrativa, no âmbito residencial. *In casu*, é indubitável que o primeiro réu nunca explorou a mão de obra do reclamante com intuito de lucro, até mesmo porque inexistem evidências de que os proprietários compravam e vendiam imóveis economicamente. O conjunto probatório apenas permite concluir que o reclamante atuava na vigilância de terreno particular por interesse restrito do primeiro reclamado e em benefício deste, sem que da prestação dos serviços prestados pelo obreiro resultasse qualquer lucro para o réu. A energia despendida com o trabalho do reclamante jamais foi utilizada com a finalidade de obtenção de lucro pelo primeiro reclamado, caracterizando, a toda evidência, a relação de emprego doméstica. (TRT, 3ª Reg., RO 0001923-33.2012.5.03.0131, Rel. Juiz convocado Manoel Barbosa da Silva, DJEMG de 7.3.2014)

A ementa abaixo, da lavra da Desembargadora do TRT da 3ª Região (MG), Dra. Alice Monteiro de Barros, é assaz esclarecedora. *Verbis*:

> ENQUADRAMENTO-TRABALHADOR DOMÉSTICO — O art. 1º da Lei n. 5.859/72 conceitua o empregado doméstico como sendo "aquele que presta serviços de natureza contínua e de finalidade não lucrativa à pessoa ou à família, no âmbito residencial destas". Do conceito de empregado doméstico emergem os seguintes pressupostos: a) o trabalho realizado por pessoa física; b) em caráter contínuo; c) no âmbito residencial de uma pessoa ou família; d) sem destinação lucrativa. Compreende-se, portanto, na categoria de empregado doméstico, não só a cozinheira, a copeira, a babá, a lavadeira, o mordomo, a governante, mas também os que prestam serviços nas dependências ou prolongamento da residência, como o jardineiro, o vigia, o motorista, o piloto, o marinheiro particular, os caseiros e zeladores de casas de veraneio ou sítios destinados ao recreio dos proprietários, sem qualquer caráter lucrativo. Equipara-se, ainda, a empregado doméstico a pessoa física que trabalha como segurança do empregador ou de seus familiares, reunindo os pressupostos do art. 1º da Lei n. 5.859/72. Se o próprio reclamante confessa, em seu depoimento pessoal, que a prestação de serviços estava restrita à segurança pessoal do empregador e aos serviços de vigia em sua residência, há de ser mantido seu enquadramento como empregado doméstico. (TRT 3ªR — 01492-2003-112-03-00-3 RO — 2ª T — Relª. Juíza Alice Monteiro de Barros — DJMG 12.5.2004)

Marcelo Moura informa que:

> Também se consideram unidades domésticas os imóveis de lazer como casa de veraneio e fazenda, bem como os meios de transporte da família, como carro ou até mesmo um jato particular. Não importa a formação profissional ou o grau de profissionalismo da atividade exercida no lar. Para ser caracterizada como tal, basta o trabalho no meio residencial, de forma contínua e pessoal.

2.3. DOMÉSTICO E REPÚBLICA ESTUDANTIL

A LC n. 150/2015, seguindo o conceito da revogada Lei n. 5.859/72, refere-se aos termos "pessoa ou família", no entanto mister esclarecer que pode configurar o vínculo de emprego doméstico com uma "república" informal, constituída de alunos (república estudantil), desde que atendidos os requisitos daquela Lei.

Nessa toada, a lição de Carla Teresa Martins Romar, *ipsis litteris*:

> A Lei refere-se a pessoa ou família, mas é evidente que um grupo de pessoas físicas que não estejam ligadas por vínculos familiares, mas que residem em uma mesma casa (república de estudantes, por exemplo), pode ser empregador doméstico, à medida que atuando estritamente em função de interesses pessoais e individuais, sem finalidade lucrativa, contrata um empregado para a execução de tarefas domésticas.

Entendemos que, no caso de república estudantil, a responsabilidade é solidária entre os estudantes, no que tange aos direitos trabalhistas do empregado doméstico.

Por oportuno, registramos o acórdão abaixo, que cita a república estudantil como exemplo de empregador doméstico. *Verbis*:

> VÍNCULO EMPREGATÍCIO DOMÉSTICO. SUCESSÃO DE EMPREGADORES. NÃO CONFIGURAÇÃO. 1. Não obstante a sucessão do vínculo doméstico possa ocorrer entre pessoas não integrantes da mesma família — já que o próprio conceito de família recebe interpretação extensiva para abarcar outros grupos unitários (*e.g.* a república estudantil ou o grupo de amigos de compartilham a mesma residência) —, uma das particularidades distintivas da relação de emprego doméstico é a pessoalidade quanto à pessoa do empregador. Por esta razão, no vínculo doméstico, a "prestação à pessoa física ou à família" consubstancia-se em exceção ao princípio da despersonificação e da sucessão do empregador. Assim, a morte do empregador tende a ser fator de extinção do contrato de trabalho, exceto quando for de interesse das partes a continuidade do liame, caracterizado pela permanência da prestação de serviços. 2. Não há presunção a favor da reclamante que o contrato de trabalho doméstico tenha se mantido em favor do espólio (massa patrimonial responsável pela antiga relação) tampouco em favor da inventariante que, no caso vertente, sequer reside no mesmo município da empregadora. Demais disso, a testemunha ouvida como informante, indicada pela reclamante, declarou que não reconhece a inventariante como empregadora da parte autora. Recurso conhecido e não provido no particular. (TRT 1ª Região. 7ª Turma. Proc. RO 01007141620165010531. Relatora Sayonara Grillo Coutinho Leonardo da Silva. DOU 14.12.2016)

2.4. DOMÉSTICO OU RURAL?

Mister traçar a distinção entre empregado doméstico e empregado rural. Se a prestação de serviço ocorrer em propriedade rural, ou em prédio rústico, voltados para atividades que visam ao lucro, estaremos diante de um empregado rural. Em contrapartida, o mesmo ofício, desenvolvido em propriedade rural, ou em prédio rústico, sem envolver o aspecto "lucrativo", por parte do empregador, caracterizará o trabalhador como doméstico, nos termos do art. 1º, da LC n. 150/2015.

Nessa toada, as ementas a seguir, respectivamente, do TRT da 6ª, da 3ª e da 14ª Regiões, *in verbis*:

Ementa: TRABALHADOR DOMÉSTICO X TRABALHADOR RURAL. ENQUADRAMENTO. Embora o recorrente sustente que o obreiro foi contratado para exercer a função de caseiro, o conjunto probatório comprova que o local onde o trabalhador desempenhava suas funções tinha como finalidade o agronegócio, e que o reclamante desenvolvia atividades típicas de trabalhador rural. DANO MORAL. AUSÊNCIA DE SALÁRIO. ÔNUS DA PROVA. À míngua de comprovação do pagamento de salários, e considerando a existência de remuneração mediante "VALES", a serem retirados em mercadinho de propriedade do reclamado, necessário o pagamento de indenização por danos morais, tendo em vista a condição do trabalhador de hipossuficiência na relação jurídica, de onde se origina o receio de perder sua fonte de subsistência, mais ainda quando a relação de emprego manteve-se sempre na clandestinidade. MULTA DO ART. 477, DA CLT. RESCISÃO INDIRETA. INDEVIDA. A decretação judicial da rescisão indireta do contrato não dá ensejo à aplicação da penalidade prevista no art. 477, § 8º, da CLT, eis que não se pode atribuir atraso ao ex-empregador frente os prazos estabelecidos no respectivo § 6º. (Processo: RO — 0000232-02.2013.5.06.0313, Redator: Ana Cláudia Petruccelli de Lima, Data de julgamento: 2.4.2014, Quarta Turma, Data de publicação: 9.4.2014)

Ementa: EMPREGADO DOMÉSTICO x RURAL. DISTINÇÃO. Para a caracterização do trabalhador rural exige-se, essencialmente, a sua vinculação a um empregador rural, que, nos termos do art. 3º da Lei n. 5.889 /73, é a 'pessoa física ou jurídica, proprietário ou não, que explore atividade agroeconômia, em caráter permanente ou temporário, diretamente ou através de prepostos e com auxílio de empregados'. Evidenciando os elementos de prova que o Empregador explorava economicamente a propriedade rural, com a realização de atividades agropecuária e florestal, de natureza econômica, a relação jurídica havida entre as partes foi de trabalho rural, devendo ser mantida a r. decisão de 1º grau. (TRT-3 — RECURSO ORDINARIO TRABALHISTA RO 00765201207503008 0000765-14.2012.5.03.0075 (TRT-3). Data de publicação: 7.10.2013.

Ementa: CASEIRO DE PROPRIEDADE RURAL. AUSÊNCIA DE EXPLORAÇAO DE ATIVIDADE LUCRATIVA. EMPREGADO DOMÉSTICO. PRETENSAO DE HORAS EXTRAS. AUSÊNCIA DE GUARIDA LEGAL. O empregado que desenvolve atividades em propriedade rural, sem finalidade lucrativa, destinada unicamente ao recreio do proprietário, é considerado empregado doméstico e não rural. (...) (TRT-14 — RECURSO ORDINARIO TRABALHISTA RO 71 RO 0000071 (TRT-14) Data de publicação: 1º.7.2011.)

CAPÍTULO 3º
REFORMA TRABALHISTA: BREVES COMENTÁRIOS AO DIREITO INDIVIDUAL DO TRABALHO

A Lei n. 13.467/2017, intitulada de "Reforma Trabalhista", trouxe muitas e substanciais alterações ao ordenamento juslaboral, as quais serão analisadas perfunctoriamente a seguir, à luz do Direito individual do Trabalho. Os dispositivos legais objeto de análise terão o texto negritado e, na sequência, o respectivo comentário.

Art. 2º ....

§ 2º Sempre que uma ou mais empresas, tendo, embora, cada uma delas, personalidade jurídica própria, estiverem sob a direção, controle ou administração de outra, ou ainda quando, mesmo guardando cada uma sua autonomia, integrem grupo econômico, serão responsáveis solidariamente pelas obrigações decorrentes da relação de emprego.

§ 3º Não caracteriza grupo econômico a mera identidade de sócios, sendo necessárias, para a configuração do grupo, a demonstração do interesse integrado, a efetiva comunhão de interesses e a atuação conjunta das empresas dele integrantes.

O objetivo da CLT, ao prever, no § 2º, art. 2º, a solidariedade passiva entre as empresas pertencentes ao um grupo econômico, era evitar que os lucros fossem distribuídos entre as empresas subsidiárias, mas as despesas não fossem compartilhadas.

No entanto, com a inclusão do § 3º, no art. 2º, a caracterização do grupo econômico tornou-se mais difícil, porquanto passou a exigir, para a configuração do grupo, não apenas a identidade de sócios, mas, também, a demonstração do interesse integrado, a efetiva comunhão de interesses e a atuação conjunta das empresas dele integrante.

Art. 4º ....

§ 1º Computar-se-ão, na contagem de tempo de serviço, para efeito de indenização e estabilidade, os períodos em que o empregado estiver afastado do trabalho prestando serviço militar e por motivo de acidente do trabalho.

§ 2º Por não se considerar tempo à disposição do empregador, não será computado como período extraordinário o que exceder a jornada normal, ainda que ultrapasse o limite de cinco minutos previsto no § 1º do art. 58 desta Consolidação, quando o empregado, por escolha própria, buscar proteção pessoal, em caso de insegurança nas vias públicas ou más condições climáticas, bem como adentrar ou permanecer nas dependências da empresa para exercer atividades particulares, entre outras:

I — práticas religiosas;

II — descanso;

III — lazer;

IV — estudo;

V — alimentação;

VI — atividades de relacionamento social;

VII — higiene pessoal;

VIII — troca de roupa ou uniforme, quando não houver obrigatoriedade de realizar a troca na empresa.

O § 1º, que antes era o parágrafo único, não teve alteração, passando apenas por ajuste redacional, mantendo-se o mesmo teor.

O § 2º foi acrescentado ao art. 4º, da CLT, para preceituar que não será computado como tempo à disposição do empregador o período em que o empregado, por escolha própria, permanecer nas dependências do estabelecimento empregador. Vale registrar que o rol constante do preceptivo legal em comento é meramente exemplificativo.

Art. 8º ....

§ 1º O direito comum será fonte subsidiária do direito do trabalho.

§ 2º Súmulas e outros enunciados de jurisprudência editados pelo Tribunal Superior do Trabalho e pelos Tribunais Regionais do Trabalho não poderão restringir direitos legalmente previstos nem criar obrigações que não estejam previstas em lei.

§ 3º No exame de convenção coletiva ou acordo coletivo de trabalho, a Justiça do Trabalho analisará exclusivamente a conformidade dos elementos essenciais do negócio jurídico, respeitado o disposto no art. 104 da Lei n. 10.406, de 10 de janeiro de 2002 (Código Civil), e balizará sua atuação pelo princípio da intervenção mínima na autonomia da vontade coletiva.

Com a nova redação do § 1º, do art. 8º, que apenas suprimiu a expressão "naquilo que for incompatível", o legislador, embora mantendo a previsão de utilização subsidiária do Direito comum, deixou de considerar necessária, para a validade de tal aplicação, a existência de compatibilidade com os princípios que norteiam do Direito do Trabalho. A alteração é inexpressiva, pois, se houver incompatibilidade, por óbvio, não deverá ser aplicado do Direito comum.

O § 2º, com o desiderato de acabar com o "ativismo judicial" dos Tribunais trabalhistas, mormente o do Tribunal Superior do Trabalho, disciplina o evidente, ou seja, que súmulas não podem restringir direitos nem criar obrigações.

O § 3º, com o objetivo de dificultar a propositura de ações anulatórias de cláusula de norma coletiva, limitou a atuação do judiciário à análise dos elementos de validade do ato jurídico, preconizados nos art. 104 do CCb (I

— agente capaz; II — objeto lícito, possível, determinado ou determinável; III — forma prescrita ou não defesa em lei).

> Art. 10-A. O sócio retirante responde subsidiariamente pelas obrigações trabalhistas da sociedade relativas ao período em que figurou como sócio, somente em ações ajuizadas até dois anos depois de averbada a modificação do contrato, observada a seguinte ordem de preferência:
>
> I — a empresa devedora;
>
> II — os sócios atuais; e
>
> III — os sócios retirantes.
>
> Parágrafo único. O sócio retirante responderá solidariamente com os demais quando ficar comprovada fraude na alteração societária decorrente da modificação do contrato.

O art. 10-A, da CLT, criado com a "Reforma Trabalhista", dispõe que o sócio retirante permanece responsável subsidiariamente pelas ações ajuizadas no lapso temporal de 2 anos computado entre o período da averbação da modificação do contrato e a propositura da reclamação trabalhista. A responsabilidade do sócio retirante, por ser subsidiária, somente ocorrerá após a tentativa frustrada de excutir bens da empresa devedora e dos sócios atuais.

Vale registrar que, de acordo com o parágrafo único do novel art. 10-A, da CLT, na hipótese de fraude, a responsabilidade do sócio retirante será solidária.

> Art. 11. A pretensão quanto a créditos resultantes das relações de trabalho prescreve em cinco anos para os trabalhadores urbanos e rurais, até o limite de dois anos após a extinção do contrato de trabalho.
>
> I — (revogado);
>
> II — (revogado).
>
> ....
>
> § 2º Tratando-se de pretensão que envolva pedido de prestações sucessivas decorrente de alteração ou descumprimento do pactuado, a prescrição é total, exceto quando o direito à parcela esteja também assegurado por preceito de lei.
>
> § 3º A interrupção da prescrição somente ocorrerá pelo ajuizamento de reclamação trabalhista, mesmo que em juízo incompetente, ainda que venha a ser extinta sem resolução do mérito, produzindo efeitos apenas em relação aos pedidos idênticos.

A nova redação do *caput*, do art. 11, da CLT, teve como desiderato apenas a adequação ao disposto no art. 7º, XXIX, da CRFB, não sofrendo alteração no seu conteúdo.

No § 2º, o legislador reformista, seguindo entendimento esposado pelo TST (Súmula n. 294), instituiu prescrição total durante a vigência do contrato de trabalho, fazendo também distinção, para incidência desta prescrição, entre o direito assegurado por lei e o assegurado por outra fonte formal de Direito do Trabalho. "Tratando-se de ação que envolva pedido de prestações sucessivas decorrente de alteração do pactuado, a prescrição é total, exceto quando o direito à parcela esteja também assegurado por preceito de lei." (Súmula n. 294, TST).

O § 3º, ao usar o advérbio de modo "somente", pode, numa primeira análise, fazer crer que a Reforma Trabalhista limitou as chances de os empregados interromperem a prescrição, pois, isso, de acordo este preceptivo legal, só ocorrerá com a distribuição da ação. Todavia, à luz das regras de hermenêutica, entendemos que permanece válida a orientação constante da OJ n. 392, da SDI-1, do TST, segundo a qual o protesto judicial interrompe a prescrição, tanto a bienal quanto a quinquenal. Nesse sentido, as recentes decisões do TST, *ipsis litteris:*

> RECURSO DE REVISTA 1 — NULIDADE PROCESSUAL POR CERCEAMENTO DE DEFESA. COMPLEMENTAÇÃO DE LAUDO PERICIAL. Hipótese em que não se constata o alegado cerceio de defesa, haja vista o registro do Tribunal Regional de que a perita respondeu aos questionamentos das partes, tendo elaborado laudo exaustivo sobre a controvérsia. Nesse contexto, entendendo a Corte de origem que o laudo pericial continha informações e análises técnicas necessárias para o deslinde da causa, incide o disposto no art. 765 da CLT. Destaque-se que a reclamada sequer aponta os fatos importantes sobre os quais não houve manifestação no laudo pericial, o que impede a análise de eventuais prejuízos ao seu direito de defesa, nos termos do art. 794 da CLT. Recurso de revista não conhecido. 2 — LITISPENDÊNCIA. AÇÃO INDIVIDUAL X AÇÃO COLETIVA AJUIZADA PELO SINDICATO COMO SUBSTITUTO PROCESSUAL. NÃO CONFIGURAÇÃO. Conforme entendimento da SBDI-1 desta Corte Superior, a existência de ação coletiva não obsta o ajuizamento e o prosseguimento de ação individual ajuizada pelo titular do direito material, ainda que idêntico o objeto das referidas ações. Tal situação, nos termos do art. 104 do CDC, não induz litispendência, uma vez que os efeitos da decisão de eventual procedência da ação coletiva não se estenderão ao autor da ação individual que, inequivocamente ciente do ajuizamento da ação coletiva, não haja optado, anteriormente, pela suspensão do curso da sua ação individual. Recurso de revista não conhecido.
>
> (...)
>
> 7 — PROTESTO INTERRUPTIVO DE PRESCRIÇÃO. A jurisprudência desta Corte é pacífica no sentido de ser aplicável ao processo do trabalho o protesto judicial como meio de interromper a prescrição, consoante se extrai da Orientação Jurisprudencial n. 392 da SBDI-1 do TST. Óbice do art. 896, § 7º da CLT e da Súmula n. 333 do TST. Recurso de revista não conhecido. 8 — FÉRIAS DO PERÍODO 2002/2003. PRESCRIÇÃO QUINQUENAL. FRACIONAMENTO. O Tribunal Regional não analisou as férias sob o prisma da prescrição quinquenal, e a parte não opôs os devidos embargos de declaração visando manifestação sobre a matéria. Nesse cenário, a análise da controvérsia carece do necessário prequestionamento, na forma da Súmula n. 297, I, do TST. Em relação à dobra das férias, a Corte de origem deu provimento ao recurso do autor diante do fracionamento das férias em três períodos, fundamento não impugnado pela parte nas razões recursais. Incide, pois, o óbice da Súmula n. 422, I, do TST. Recurso de revista não conhecido. 9 — HONORÁRIOS ASSISTENCIAIS. O Tribunal Regional consignou

expressamente que o autor estava assistido pelo sindicato da categoria e apresentou declaração de hipossuficiência, restando atendidos, portanto, os requisitos do art. 14 da Lei n. 5.584/70, 790, § 3º da CLT e Súmula n. 219, I, do TST. Ademais, ao determinar que o valor dos honorários será calculado sobre o valor da condenação liquidado em sentença, o Tribunal Regional decidiu em consonância com a atual, iterativa e notória jurisprudência desta Corte, consubstanciada na Orientação Jurisprudencial n. 348 da SBDI-1. Recurso de revista não conhecido. 10 — FGTS. O recurso de revista não se baseia em nenhuma das hipóteses do art. 896 da CLT, estando, pois, desfundamentado, à luz do referido artigo. Recurso de revista não conhecido. (RR — 1566-82.2010.5.04.0232, Relatora Ministra: Delaíde Miranda Arantes, Data de Julgamento: 13.12.2017, 2ª Turma, Data de Publicação: DEJT 19.12.2017).

AGRAVO DE INSTRUMENTO EM RECURSO DE REVISTA DO RECLAMADO (BANCO DO BRASIL S.A.). INTERRUPÇÃO DA PRESCRIÇÃO BIENAL E QUINQUENAL. PROTESTO JUDICIAL AJUIZADO PELA CONTEC. PLEITO CONCERNENTE ÀS HORAS EXTRAS. Nos termos da Orientação Jurisprudencial n. 392 da SBDI-1, "O protesto judicial é medida aplicável no processo do trabalho, por força do art. 769 da CLT e do art. 15 do CPC de 2015. O ajuizamento da ação, por si só, interrompe o prazo prescricional, em razão da inaplicabilidade do § 2º do art. 240 do CPC de 2015 (§ 2º do art. 219 do CPC de 1973), incompatível com o disposto no art. 841 da CLT". Do que se extrai dos precedentes que ensejaram a edição dessa orientação jurisprudencial, *o protesto judicial tem o condão de interromper tanto a prescrição bienal quanto a quinquenal*. In casu, consoante se infere das premissas fáticas delineadas pela Corte de origem, o protesto judicial foi ajuizado pela CONTEC em 18.11.2009. Logo, deve-se reconhecer que houve interrupção da prescrição, visto que a Reclamação Trabalhista foi intentada em 14.6.2013, dentro, portanto, do quinquênio que se seguiu à data da interrupção da prescrição. Agravo de Instrumento conhecido e não provido. (ARR — 1210-26.2013.5.03.0001, Relatora Ministra: Maria de Assis Calsing, Data de Julgamento: 13.12.2017, 4ª Turma, Data de Publicação: DEJT 19.12.2017). (grifo nosso)

Defendemos a tese de que, como a CLT é omissa em relação às outras formas de interrupção da prescrição, permanece válido o entendimento plasmado na OJ n. 392, SDI-1, do TST, bem como continua aplicável ao Direito Processual do Trabalho o art. 202, II, do Código Civil, no que tange à interrupção da prescrição. Dessarte, as hipóteses de interrupção da prescrição, previstas no Código Civil, que, até a "Reforma Trabalhista" eram aplicáveis ao Direito Processual do Trabalho, continuam sendo.

Também, nesse diapasão, o entendimento de Homero Batista Mateus da Silva, segundo o qual o "advérbio de modo *somente* parece ter tido a intenção de restringir a interrupção da prescrição ao ajuizamento de ações trabalhistas típicas, refutando outros instrumentos como o protesto judicial para preservação e conservação de direitos, o qual era aceito por majoritária jurisprudência; acreditamos que o protesto venha a sofrer sério abalo como mecanismo interruptivo de prescrição, pelo argumento de que a legislação trabalhista podia escolher o mecanismo próprio para o corte no prazo, mas não acreditamos que essa singela redação possa afastar a aplicação do art. 202 do CC, que contempla hipóteses de interrupção de prescrição em geral; por exemplo, o art. 202, VI, aponta uma hipótese não rara no direito do trabalho: "por qualquer ato inequívoco, ainda que extrajudicial, que importe reconhecimento do direito pelo devedor".

Art. 11-A. Ocorre a prescrição intercorrente no processo do trabalho no prazo de dois anos.

§ 1º A fluência do prazo prescricional intercorrente inicia-se quando o exequente deixa de cumprir determinação judicial no curso da execução.

§ 2º A declaração da prescrição intercorrente pode ser requerida ou declarada de ofício em qualquer grau de jurisdição.

O art. 11-A, inserido na CLT com a Lei n. 13.467/17, prevê o cabimento da prescrição intercorrente no Processo do Trabalho, de ofício ou a requerimento do executado. Dito fenômeno jurídico ocorrerá quando o exequente, no prazo de 2 anos, não cumprir determinação judicial feita no curso da execução, como por exemplos: indicação de bens do devedor, informações necessárias para o registro de penhora, instauração do incidente de consideração da personalidade jurídica etc. A lei acima veio para acabar com uma divergência jurisprudencial sumulada entre o TST e o STF.

Vale registrar que o prazo prescricional de 2 anos flui apenas quando a omissão for do exequente.

Art. 47. O empregador que mantiver empregado não registrado nos termos do art. 41 desta Consolidação ficará sujeito a multa no valor de R$ 3.000,00 (três mil reais) por empregado não registrado, acrescido de igual valor em cada reincidência.

§ 1º Especificamente quanto à infração a que se refere o caput deste artigo, o valor final da multa aplicada será de R$ 800,00 (oitocentos reais) por empregado não registrado, quando se tratar de microempresa ou empresa de pequeno porte.

§ 2º A infração de que trata o *caput* deste artigo constitui exceção ao critério da dupla visita.

Para desestimular a informalidade trabalhista, o legislador reformista atualizou o valor da multa pela não assinatura da CTPS do empregado, para R$ 3.000,00. Primando pelo tratamento isonômico, previsto constitucionalmente (arts. 179 e outros), o valor da multa, em se tratando de microempresa ou empresa de pequeno porte, é menor (R$ 800,00).

A nova redação dada pela "Reforma Trabalhista" ao art. 632, § 4º, da CLT, assegura o reajuste do valor das multas estabelecidas em moeda corrente de acordo com a TR (taxa referencial) divulgada pelo BC (Banco Central).

Art. 47-A. Na hipótese de não serem informados os dados a que se refere o parágrafo único do art. 41 desta Consolidação, o empregador ficará sujeito à multa de R$ 600,00 (seiscentos reais) por empregado prejudicado.

O legislador reformista diferençou as multas de acordo com o alcance da negligência do empregador. Assim, a ausência total de registro gera multa de R$ 3.000,00; enquanto que a ausência de dados de formação e desenvolvimento do contrato de emprego trabalho, de R$ 600,00.

O parágrafo único, do art. 41, da CLT, referido no art. 47-A, exige que constem algumas informações obrigatórias no registro dos empregados, *verbis*:

> Parágrafo único. Além da qualificação civil ou profissional de cada trabalhador, deverão ser anotados todos os dados relativos à sua admissão no emprego, duração e efetividade do trabalho, a férias, acidentes e demais circunstâncias que interessem à proteção do trabalhador.

Consoante o dispositivo em comento, se o empregador realizar o registro de seus empregados e não informar alguns dos dados exigidos no parágrafo único, do art. 41, da CLT, ficará sujeito à multa no valor R$ 600,00 por obreiro prejudicado.

É importante ressaltar que, também, na presente hipótese, aplica-se o § 2º, do art. 634, da CLT (atualização da multa pela TR).

> Art. 58..
>
> § 2º O tempo despendido pelo empregado desde a sua residência até a efetiva ocupação do posto de trabalho e para o seu retorno, caminhando ou por qualquer meio de transporte, inclusive o fornecido pelo empregador, não será computado na jornada de trabalho, por não ser tempo à disposição do empregador.
>
> § 3º (Revogado).

Da análise da atual redação do § 2º, do art. 58, verifica-se que as horas *in itinere* deixaram de ser consideradas tempo à disposição do empregador, não sendo mais computadas na jornada de trabalho.

O § 3º foi revogado porque previa a possibilidade de tempo médio para o cômputo de horas *in itinere*, tornando-se, pois, letra morta pela supressão do instituto do ordenamento jurídico.

Tal previsão prejudicou o disposto nas Súmulas ns. 90 e 320 do TST.

> Art. 58-A. Considera-se trabalho em regime de tempo parcial aquele cuja duração não exceda a trinta horas semanais, sem a possibilidade de horas suplementares semanais, ou, ainda, aquele cuja duração não exceda a vinte e seis horas semanais, com a possibilidade de acréscimo de até seis horas suplementares semanais.
>
> ....
>
> § 3º As horas suplementares à duração do trabalho semanal normal serão pagas com o acréscimo de 50% (cinquenta por cento) sobre o salário-hora normal.
>
> § 4º Na hipótese de o contrato de trabalho em regime de tempo parcial ser estabelecido em número inferior a vinte e seis horas semanais, as horas suplementares a este quantitativo serão consideradas horas extras para fins do pagamento estipulado no § 3º, estando também limitadas a seis horas suplementares semanais.
>
> § 5º As horas suplementares da jornada de trabalho normal poderão ser compensadas diretamente até a semana imediatamente posterior à da sua execução, devendo ser feita a sua quitação na folha de pagamento do mês subsequente, caso não sejam compensadas.

§ 6º É facultado ao empregado contratado sob regime de tempo parcial converter um terço do período de férias a que tiver direito em abono pecuniário.

§ 7º As férias do regime de tempo parcial são regidas pelo disposto no art. 130 desta Consolidação.

O regime de tempo parcial foi amplamente remodelado com a "Reforma Trabalhista", podendo, atualmente, ser fixado com módulo semanal de até 30 horas, permanecendo a proibição de realização de horas extras neste caso, ou de, no máximo, 26 horas, com possibilidade de realização de até 6 horas extras semanais.

De acordo com o § 5º, do artigo em comento, as horas extras realizadas em regime de tempo parcial deverão ser compensadas até a semana imediatamente posterior à da sua realização, sendo, porquanto, inaplicável o sistema de "banco de horas".

Conforme preconiza o § 3º, do artigo em comento, as horas extras serão remuneradas com adicional de 50% sobre o salário-hora normal. Dita previsão não existia antes da "Reforma Trabalhista", porquanto, neste sistema, o empregado não podia trabalhar em regime de sobrejornada.

Passou a ser juridicamente possível, no regime em tela, segundo o § 6º, a transformação de 1/3 de férias em abono pecuniário, o que, antes da "reforma trabalhista", era vedado.

Com a revogação do art. 130-A, da CLT, a duração das férias do empregado em regime de tempo parcial passou a ser a mesma das do empregado em regime de tempo integral, sendo-lhe aplicáveis as regras contidas no do art. 130, da CLT, podendo durar até 30 dias, dependendo do número de faltas injustificadas durante do período aquisitivo (§ 7º, art. 58-A).

Art. 59. A duração diária do trabalho poderá ser acrescida de horas extras, em número não excedente de duas, por acordo individual, convenção coletiva ou acordo coletivo de trabalho.

§ 1º A remuneração da hora extra será, pelo menos, 50% (cinquenta por cento) superior à da hora normal.

....

§ 3º Na hipótese de rescisão do contrato de trabalho sem que tenha havido a compensação integral da jornada extraordinária, na forma dos §§ 2º e 5º deste artigo, o trabalhador terá direito ao pagamento das horas extras não compensadas, calculadas sobre o valor da remuneração na data da rescisão.

§ 4º (Revogado).

§ 5º O banco de horas de que trata o § 2º deste artigo poderá ser pactuado por acordo individual escrito, desde que a compensação ocorra no período máximo de seis meses.

§ 6º É lícito o regime de compensação de jornada estabelecido por acordo individual, tácito ou escrito, para a compensação no mesmo mês. (NR)

A jornada extraordinária poderá ser prestada mediante acordo de prorrogação de jornada que poderá ser celebrado individualmente ou coletivamente.

Nos dias em que houver trabalho em horas extras, este não poderá ultrapassar a 2 horas. Vale registrar que, segundo a Súmula n. 376, I, TST, a limitação legal da jornada suplementar a duas horas por dia não exime o empregador de pagar todas as horas trabalhadas, mesmo que superior às duas autorizadas por lei.

As horas extras, segundo a Constituição (art. 7º, XVI), agora também com previsão na CLT, deverão ser pagas com, no mínimo, 50% a mais do que a hora normal. Assim, verifica-se que o § 1º, do art. 59, da CLT, apenas foi atualizado para ficar consentâneo com a previsão constitucional.

Com a inclusão do § 5º, ao art. 59, o "banco de horas" passou a poder ser pactuado por acordo individual escrito, desde que a compensação ocorra no período máximo de seis meses.

Houve também inovação quanto ao "banco de horas", com a inclusão do § 6º, ao art. 59, que preconiza ser lícito o regime de compensação de jornada estabelecido por acordo individual, tácito ou expresso, para compensação no mesmo mês.

Dessarte, o ordenamento juslaboral passou, com a "Reforma Trabalhista", a contar com 3 modalidades de "banco de horas", a saber: a) anual, que poderá ser formalizado por convenção coletiva de trabalho (CCT) ou por acordo coletivo de trabalho (ACT); b) semestral, que poderá ser instrumentalizado por CCT, ACT ou acordo individual escrito; e c) mensal, que poderá ocorrer por meio de CC, ACT ou acordo individual, tácito ou escrito.

O § 3º não trouxe qualquer inovação, porquanto dita previsão já constava da redação anterior, o que o legislador reformista fez foi apenas adaptação na redação, para abarcar o sistema de "banco de horas" semestral.

> Art. 59-A. Em exceção ao disposto no art. 59 desta Consolidação, é facultado às partes, mediante acordo individual escrito, convenção coletiva ou acordo coletivo de trabalho, estabelecer horário de trabalho de doze horas seguidas por trinta e seis horas ininterruptas de descanso, observados ou indenizados os intervalos para repouso e alimentação.
>
> Parágrafo único. A remuneração mensal pactuada pelo horário previsto no *caput* deste artigo abrange os pagamentos devidos pelo descanso semanal remunerado e pelo descanso em feriados, e serão considerados compensados os feriados e as prorrogações de trabalho noturno, quando houver, de que tratam o art. 70 e o § 5º do art. 73 desta Consolidação.

A "Reforma Trabalhista" trouxe, para o bojo da CLT, o regime de compensação por meio de escala de 12 horas seguidas de trabalho por 36 horas ininterruptas de descanso.

Diferentemente do entendimento esposado pelo TST, na Súmula n. 440, o art. 59-A da CLT considera que os feriados já estão embutidos na compensação da jornada 12 x 36h.

Este dispositivo permite também a não observância dos intervalos intrajornadas para repouso e alimentação, mediante sua indenização em pecúnia.

Além disso, no parágrafo único do artigo em comento, o legislador, procurando ser o mais abrangente possível, prevê, entre outras supressões, a da hora noturna reduzida, para que as 12h sejam mantidas intactas e o turno seguinte entre na sequência, sem nenhuma variação.

> Art. 59-B. O não atendimento das exigências legais para compensação de jornada, inclusive quando estabelecida mediante acordo tácito, não implica a repetição do pagamento das horas excedentes à jornada normal diária se não ultrapassada a duração máxima semanal, sendo devido apenas o respectivo adicional.
>
> Parágrafo único. A prestação de horas extras habituais não descaracteriza o acordo de compensação de jornada e o banco de horas.

O *caput* do art. 59-B da CLT, que tem o mesmo conteúdo do item III, da Súmula n. 85, III, do TST, reza que a ausência de alguma das solenidades exigidas para a adoção do sistema de prorrogação de jornada implicará apenas o pagamento do adicional de 50% e, não, o das horas laboradas a mais com o adicional de 50%.

Logo, verifica-se que a reforma trabalhista apenas positivou o entendimento jurisprudencial. O mesmo não se pode dizer do parágrafo único, do artigo em tela, que adota tese diametralmente oposta à do TST (Súmula n. 85, IV, TST), ao preceituar que a prestação de horas extraordinárias habituais não descaracteriza o acordo de compensação de jornada e o "banco de horas".

> Art. 60. ....
>
> Parágrafo único. Excetuam-se da exigência de licença prévia as jornadas de doze horas de trabalho por trinta e seis horas ininterruptas de descanso.

De acordo com o parágrafo único, inserido no art. 60, da CLT, com a "Reforma Trabalhista", os empregados que trabalham em atividade insalubre, em regime de 12 x 36h (que é uma modalidade de regime de compensação de jornada), não necessitam da licença prévia das autoridades competentes em matéria de higiene do trabalho, exigida no *caput* do art. 60.

> Art. 61. ....
>
> § 1º O excesso, nos casos deste artigo, pode ser exigido independentemente de convenção coletiva ou acordo coletivo de trabalho.

Segundo a redação atual do § 1º, do art. 61, da CLT, o labor extraordinário, na hipótese de necessidade imperiosa, poderá ser exigido, seja para fazer face a motivo de força maior, seja para atender à realização ou à conclusão de serviços inadiáveis ou cuja inexecução possa acarretar prejuízo manifesto ao empregador, independentemente de negociação coletiva. Esta alteração representa pouca mudança prática, pois assim já ocorria. Tal previsão já existia, a novidade reside na dispensa da comunicação ao Ministério do Trabalho e Emprego.

> Art. 62. ....
>
> III — os empregados em regime de teletrabalho.

....

Com a "Reforma Trabalhista", foi incluso ao art. 62, da CLT, o inciso III, passando, assim, este dispositivo legal a indicar 3 tipos de empregados em relação aos quais não é possível o empregador exercer efetivos controle e fiscalização sobre a jornada realizada, razão pela qual não fazem jus à percepção de horas extras, quais sejam: empregados que exercem atividades externas incompatíveis com a fixação de horário (inc. I); os gerentes, assim considerados os exercentes de cargos de gestão, aos quais se equiparam os diretores e chefes de departamento ou filial (inc. II) e os empregados em regime de teletrabalho (III).

Vale registrar que a presunção constante do art. 62 é relativa, admitindo, pois, prova em contrário. Assim, comprovado pelo empregado que estava sujeito ao controle ou à fiscalização de horário de trabalho, fará jus ao recebimento de horas extras e dos intervalos.

> Art. 71. ....
>
> § 4º A não concessão ou a concessão parcial do intervalo intrajornada mínimo, para repouso e alimentação, a empregados urbanos e rurais, implica o pagamento, de natureza indenizatória, apenas do período suprimido, com acréscimo de 50% (cinquenta por cento) sobre o valor da remuneração da hora normal de trabalho.

....

A "Reforma Trabalhista", adotando tese diametralmente oposta à esposada pelo TST (Súmula n. 437), explicita que o pagamento devido pelo empregador pela não concessão ou concessão parcial do intervalo intrajornada tem natureza indenizatória.

Ainda na contramão da jurisprudência dominante, preconiza que o desrespeito às regras de intervalo intrajornada implica o pagamento de apenas do período suprimido.

"TÍTULO II

CAPÍTULO II-A

DO TELETRABALHO

Art. 75-A. A prestação de serviços pelo empregado em regime de teletrabalho observará o disposto neste Capítulo.

Art. 75-B. Considera-se teletrabalho a prestação de serviços preponderantemente fora das dependências do empregador, com a utilização de tecnologias de informação e de comunicação que, por sua natureza, não se constituam como trabalho externo.

Parágrafo único. O comparecimento às dependências do empregador para a realização de atividades específicas que exijam a presença do empregado no estabelecimento não descaracteriza o regime de teletrabalho.

Art. 75-C. A prestação de serviços na modalidade de teletrabalho deverá constar expressamente do contrato individual de trabalho, que especificará as atividades que serão realizadas pelo empregado.

§ 1º Poderá ser realizada a alteração entre regime presencial e de teletrabalho desde que haja mútuo acordo entre as partes, registrado em aditivo contratual.

§ 2º Poderá ser realizada a alteração do regime de teletrabalho para o presencial por determinação do empregador, garantido prazo de transição mínimo de quinze dias, com correspondente registro em aditivo contratual.

Art. 75-D. As disposições relativas à responsabilidade pela aquisição, manutenção ou fornecimento dos equipamentos tecnológicos e da infraestrutura necessária e adequada à prestação do trabalho remoto, bem como ao reembolso de despesas arcadas pelo empregado, serão previstas em contrato escrito.

Parágrafo único. As utilidades mencionadas no *caput* deste artigo não integram a remuneração do empregado.

Art. 75-E. O empregador deverá instruir os empregados, de maneira expressa e ostensiva, quanto às precauções a tomar a fim de evitar doenças e acidentes de trabalho.

Parágrafo único. O empregado deverá assinar termo de responsabilidade comprometendo-se a seguir as instruções fornecidas pelo empregador.

A Lei n. 13.467/2017 ("Reforma Trabalhista") incluiu no Título II, da CLT, o Capítulo II-A, disciplinando o teletrabalho *(home office)*.

Como se observa do art. 75-A, toda e qualquer legislação estranha à CLT não servirá para disciplinar a matéria, devendo empregador e empregado observarem apenas as regras estabelecidas pela Reforma Trabalhista.

De acordo com o parágrafo único, do art. 75-B da CLT, para que reste configurado o teletrabalho não se faz mister que o trabalho se dê apenas fora das dependências do empregador, bastando que haja preponderância do trabalho à distância para a caracterização do teletrabalho.

Consoante o art. 75-C, da CLT, a modalidade de teletrabalho **deve constar de maneira expressa no contrato de emprego**, especificando as atividades que deverão ser realizadas.

Uma vez estabelecida essa modalidade de trabalho, somente o empregador poderá convertê-la em presencial (poder diretivo), observado um prazo de 15 (quinze) dias para adaptação (art. 75-C, § 2º).

Segundo o art. 75-D, da CLT, as partes deverão, por meio de contrato escrito, estabelecer os termos pelos quais o empregador reembolsará o trabalhador pelas despesas com aquisição, manutenção ou fornecimento de equipamentos. Assim, ainda que o trabalhador tenha que antecipar esses valores, o contrato deverá estipular a forma de reembolso, ressarcindo-o de qualquer despesa, porquanto, pela aplicação do princípio da alteridade, todos os riscos do empreendimento devem ser suportados exclusivamente pelo empregador (art. 2º, CLT).

O parágrafo único do artigo em questão (art. 75-D) disciplina que as utilidades não possuem natureza salarial, visto que fornecidas e utilizadas **para** o trabalho e não **pelo** trabalho prestado em regime de *home office*.

Por derradeiro, temos que, por força do art. 75-E, CLT, compete ao empregador instruir, de maneira ostensiva, os empregados submetidos a essa modalidade de trabalho quanto às precauções necessárias a fim de evitar problemas de saúde e acidentes de trabalho. Deve, para tanto, exigir que o empregado assine um termo de responsabilidade se comprometendo a seguir as instruções fornecidas, cuja recusa injustificada poderá ensejar dispensa por justa *causa*.

> Art. 134. ....
>
> § 1º Desde que haja concordância do empregado, as férias poderão ser usufruídas em até três períodos, sendo que um deles não poderá ser inferior a quatorze dias corridos e os demais não poderão ser inferiores a cinco dias corridos, cada um.
>
> § 2º (Revogado).
>
> § 3º É vedado o início das férias no período de dois dias que antecede feriado ou dia de repouso semanal remunerado.

As férias passaram, desde que haja concordância do obreiro, a ter a possibilidade de gozo em 3 períodos, sendo um de, no mínimo, 14 dias corridos, e os demais não poderão ser inferiores a cinco dias corridos, cada um.

Vale observar que empregados com direito a 18 dias de férias, portanto, não podem mais fracioná-las, pois os 4 dias restantes não cabem nas demais exigências.

Com a revogação do § 2º, do art. 134, não há mais vedação para o fracionamento das férias dos empregados maiores de 50 anos e menores de 18 anos.

De acordo com o disposto no § 3º, do art. 134, da CLT, as férias não poderão começar em véspera e antevéspera do repouso semanal remunerado e de feriado. Logo, exemplificativamente, as férias não poderão começar no dia 5 de setembro.

TÍTULO II-A
DO DANO EXTRAPATRIMONIAL

Art. 223-A. Aplicam-se à reparação de danos de natureza extrapatrimonial decorrentes da relação de trabalho apenas os dispositivos deste Título.

Art. 223-B. Causa dano de natureza extrapatrimonial a ação ou omissão que ofenda a esfera moral ou existencial da pessoa física ou jurídica, as quais são as titulares exclusivas do direito à reparação.

Art. 223-C. A honra, a imagem, a intimidade, a liberdade de ação, a autoestima, a sexualidade, a saúde, o lazer e a integridade física são os bens juridicamente tutelados inerentes à pessoa física.

Art. 223-D. A imagem, a marca, o nome, o segredo empresarial e o sigilo da correspondência são bens juridicamente tutelados inerentes à pessoa jurídica.

Art. 223-E. São responsáveis pelo dano extrapatrimonial todos os que tenham colaborado para a ofensa ao bem jurídico tutelado, na proporção da ação ou da omissão.

Art. 223-F. A reparação por danos extrapatrimoniais pode ser pedida cumulativamente com a indenização por danos materiais decorrentes do mesmo ato lesivo.

§ 1º Se houver cumulação de pedidos, o juízo, ao proferir a decisão, discriminará os valores das indenizações a título de danos patrimoniais e das reparações por danos de natureza extrapatrimonial.

§ 2º A composição das perdas e danos, assim compreendidos os lucros cessantes e os danos emergentes, não interfere na avaliação dos danos extrapatrimoniais.

Art. 223-G. Ao apreciar o pedido, o juízo considerará:

I — a natureza do bem jurídico tutelado;

II — a intensidade do sofrimento ou da humilhação;

III — a possibilidade de superação física ou psicológica;

IV — os reflexos pessoais e sociais da ação ou da omissão;

V — a extensão e a duração dos efeitos da ofensa;

VI — as condições em que ocorreu a ofensa ou o prejuízo moral;

VII — o grau de dolo ou culpa;

VIII — a ocorrência de retratação espontânea;

IX — o esforço efetivo para minimizar a ofensa;

X — o perdão, tácito ou expresso;

XI — a situação social e econômica das partes envolvidas;

XII — o grau de publicidade da ofensa.

§ 1º Se julgar procedente o pedido, o juízo fixará a indenização a ser paga, a cada um dos ofendidos, em um dos seguintes parâmetros, vedada a acumulação:

I — ofensa de natureza leve, até três vezes o último salário contratual do ofendido;

II — ofensa de natureza média, até cinco vezes o último salário contratual do ofendido;

III — ofensa de natureza grave, até vinte vezes o último salário contratual do ofendido;

IV — ofensa de natureza gravíssima, até cinquenta vezes o último salário contratual do ofendido.

§ 2º Se o ofendido for pessoa jurídica, a indenização será fixada com observância dos mesmos parâmetros estabelecidos no § 1º deste artigo, mas em relação ao salário contratual do ofensor.

§ 3º Na reincidência entre partes idênticas, o juízo poderá elevar ao dobro o valor da indenização.

Com a inclusão, na CLT, do Título II-A, intitulado "DO DANO EXTRAPATRIMONIAL", o dano moral a passou a ter previsão inclusive para a pessoa jurídica e tarifação assim escalonada: ofensa de natureza leve, até três vezes o último salário contratual do ofendido; ofensa de natureza média, até cinco vezes o último salário contratual do ofendido; ofensa de natureza grave, até vinte vezes o último salário contratual do ofendido; ofensa de natureza gravíssima, até cinquenta vezes o último salário contratual do ofendido.

Faremos, a seguir, breve análise do arcabouço jurídico do dano extrapatrimonial juslaboral.

Inicialmente, sobreleva observar que os arts. 223-A a 223-G, da CLT, atêm-se aos danos extrapatrimoniais (morais).

O art. 223-A limita as hipóteses de incidência do dano moral, apresentando-se como *numerus clausus (taxativo)*, e não como *numerus apertus (exemplificativo)*, como deveria ser.

Por sua vez, o art. 223-B conceitua dano moral e limita sua ocorrência apenas aos titulares do direito material à reparação, extinguindo a reparação do dano moral coletivo, o que refoge à realidade dos fatos.

O art. 223-D, adotando a tese esposada pelo STJ, na Súmula n. 227, preconiza que a pessoa jurídica também pode ser vítima de dano extrapatrimonial.

O art. 223-E contempla a possibilidade de responsabilidade, com base no princípio da razoabilidade e proporcionalidade, de forma que o partilhamento da reparação seja feito de forma equitativa entre os corresponsáveis pela lesão.

Já o art. 223-F acolheu a tese da Súmula n. 37, do STJ, que dispõe que: "*São cumuláveis as indenizações por dano material e dano moral oriundos do mesmo fato*".

Os §§ 1º e 2º, deste último artigo em comento, preceitua que poderá haver acumulação de danos patrimoniais (danos emergentes e lucros cessantes), com danos extrapatrimoniais, oriundos do mesmo evento lesivo, bem como que o magistrado deverá discriminar, caso a caso, os valores relativos a cada tipo de indenização ou reparação.

Impende registrar que as indenizações por prejuízos materiais quantificáveis, como remédios, próteses e gastos com profissionais liberais, não interferem na avaliação dos danos extrapatrimoniais, conforme o art. 223-F, § 2º, sinaliza expressamente.

> Art. 394-A. Sem prejuízo de sua remuneração, nesta incluído o valor do adicional de insalubridade, a empregada deverá ser afastada de:
>
> I — atividades consideradas insalubres em grau máximo, enquanto durar a gestação;
>
> II — atividades consideradas insalubres em grau médio ou mínimo, quando apresentar atestado de saúde, emitido por médico de confiança da mulher, que recomende o afastamento durante a gestação;
>
> III — atividades consideradas insalubres em qualquer grau, quando apresentar atestado de saúde, emitido por médico de confiança da mulher, que recomende o afastamento durante a lactação.
>
> § 1º ....
>
> § 2º Cabe à empresa pagar o adicional de insalubridade à gestante ou à lactante, efetivando-se a compensação, observado o disposto no art. 248 da Constituição Federal, por ocasião do recolhimento das contribuições incidentes sobre a folha de salários e demais rendimentos pagos ou creditados, a qualquer título, à pessoa física que lhe preste serviço.
>
> § 3º Quando não for possível que a gestante ou a lactante afastada nos termos do *caput* deste artigo exerça suas atividades em local salubre na empresa, a hipótese será considerada como gravidez de risco e ensejará a percepção de salário-maternidade, nos termos da Lei n. 8.213, de 24 de julho de 1991, durante todo o período de afastamento.

De acordo com a redação do art. 394-A, da CLT, o afastamento imediato da gestante ocorre apenas nos casos de insalubridade em grau máximo.

Para o afastamento do labor em atividade insalubre em grau médio e em grau mínimo, durante a gestação, e em qualquer grau, durante a lactação (art. 394-A, II e III), há necessidade de atestado médico emitido por profissional da confiança da mulher, com tal recomendação. Este profissional pode ser o responsável pelo acompanhamento do pré-natal, da rede pública ou particular, ou da própria empresa.

Preconiza o § 2º, do art. 394-A, que cabe à empresa "pagar o adicional de insalubridade à gestante ou à lactante, efetivando-se a compensação por ocasião do recolhimento das contribuições incidentes sobre a folha de salários e demais rendimentos pagos ou creditados, a qualquer título, à pessoa física que lhe preste serviços". Assim, verifica-se que o custo econômico-financeiro desse direito trabalhista será suportado pelo INSS, embora o empregador faça o imediato pagamento da verba à empregada na respectiva folha mensal de pagamentos da empresa, ressarcindo-se em seguida.

O § 3º, do art. 394-A, da CLT, prevê duas hipóteses de proteção às gestantes e também aos respectivos empregadores, quais sejam:

a) a primeira é a de que, havendo possibilidade de afastamento da trabalhadora do local insalubre, para exercitar suas atividades em local salubre na empresa, mantém-se o pagamento do adicional de insalubridade que fica a cargo do INSS; ou

b) a segunda hipótese, em não havendo esse local salubre ou, sendo a própria atividade da empregada enquadrada como insalubre, esta deverá ser plenamente afastada do trabalho, enquadrando-se a hipótese como "gravidez de risco", com o recebimento de percepção de salário-maternidade, durante todo o período de afastamento.

Art. 396. ....

§ 1º ....

§ 2º Os horários dos descansos previstos no *caput* deste artigo deverão ser definidos em acordo individual entre a mulher e o empregador.

Os horários dos dois intervalos especiais de 30 minutos cada um, durante a jornada de trabalho, para amamentação, até que o filho biológico ou adotivo (Lei n. 13.509/2017) complete 6 meses, serão objeto de negociação direta entre empregado e empregador.

Art. 442-B. A contratação do autônomo, cumpridas por este todas as formalidades legais, com ou sem exclusividade, de forma contínua ou não, afasta a qualidade de empregado prevista no art. 3º desta Consolidação.

A redação do art. 442-B diz o óbvio e deve ser interpretada à luz do princípio da primazia da realidade. Assim, formalidades legais devem ser analisadas em conjunto com os elementos de fato que permearam a relação jurídica. Em caso de colisão entre a forma e o conteúdo, este sempre prevalecerá sobre aquela. Vale observar que o reconhecimento do vínculo empregatício independe de sua manifestação em contrato elaborado entre empregado e empregador, devendo sempre ser reconhecido quando presentes, na relação jurídica, os requisitos preconizados nos arts. 2º e 3º, da CLT. Assim, independentemente do nome dado pelas partes contratantes ao vínculo jurídico que as une (parceria, prestação de serviço autônomo), estando presentes os requisitos constantes do art. 3º, da CLT, o judiciário trabalhista, sendo provocado, declarará o vínculo jurídico de emprego, pois não é o rótulo que dá sabor ao vinho.

Art. 443. O contrato individual de trabalho poderá ser acordado tácita ou expressamente, verbalmente ou por escrito, por prazo determinado ou indeterminado, ou para prestação de trabalho intermitente.

....

§ 3º Considera-se como intermitente o contrato de trabalho no qual a prestação de serviços, com subordinação, não é contínua, ocorrendo com alternância de períodos de prestação de serviços e de inatividade, determinados em horas, dias ou meses, independentemente do tipo de atividade do empregado e do empregador, exceto para os aeronautas, regidos por legislação própria.

A "Reforma Trabalhista" inseriu no art. 443, da CLT, *caput*, e § 3º, uma nova modalidade de contrato individual de emprego, qual seja, o contrato intermitente, também chamado de contrato-zero ou popularmente denominado de "bico oficial".

O § 3º, do artigo em comento, conceituando a novel modalidade de contrato individual de emprego disciplina ser aquele "no qual a prestação de serviços, com subordinação, não é contínua, ocorrendo com alternância de períodos de prestação de serviços e de inatividade, determinados em horas, dias ou meses, independentemente do tipo de atividade do empregado e do empregador". Não se aplicam as regras do contrato intermitente (art. 452-A, CLT) aos aeronautas, por disporem estes profissionais de legislação própria (Lei n. 13.475/2017). Abaixo, algumas peculiaridades dessa modalidade contratual:

*O contrato de trabalho intermitente deve ser celebrado por escrito e deve conter especificamente o valor da hora de trabalho, que não pode ser inferior ao valor horário do salário mínimo ou àquele devido aos demais empregados do estabelecimento que exerçam a mesma função em contrato intermitente ou não.

*O empregador convocará, por qualquer meio de comunicação eficaz, para a prestação de serviços, informando qual será a jornada, com, pelo menos, três dias corridos de antecedência.

*Recebida a convocação, o empregado terá o prazo de um dia útil para responder ao chamado, presumindo-se, no silêncio, a recusa.

*Aceita a oferta para o comparecimento ao trabalho, a parte que descumprir, sem justo motivo, pagará à outra parte, no prazo de trinta dias, multa de 50% (cinquenta por cento) da remuneração que seria devida, permitida a compensação em igual prazo.

*A recusa da oferta não descaracteriza a subordinação para fins do contrato de trabalho intermitente.

*No período de inação, NÃO HÁ PAGAMENTO DE NENHUMA RUBRICA AO EMPREGADO, POIS NÃO É CONSIDERADO TEMPO À DISPOSIÇÃO DO EMPREGADOR, podendo o trabalhador prestar serviços a outros contratantes.

*Restará descaracterizado o contrato de trabalho intermitente caso haja remuneração por tempo à disposição no período de inatividade.

*O recibo de pagamento deverá conter a discriminação dos valores pagos relativos a cada uma das parcelas, evitando-se o salário COMPLESSIVO.

*O empregador efetuará o recolhimento da contribuição previdenciária e o depósito do Fundo de Garantia do Tempo de Serviço, na forma da lei, com base nos valores pagos no período mensal e fornecerá ao empregado comprovante do cumprimento dessas obrigações.

> Art. 444. ....
>
> Parágrafo único. A livre estipulação a que se refere o *caput* deste artigo aplica-se às hipóteses previstas no art. 611-A desta Consolidação, com a mesma eficácia legal e preponderância sobre os instrumentos coletivos, no caso de empregado portador de diploma de nível superior e que perceba salário mensal igual ou superior a duas vezes o limite máximo dos benefícios do Regime Geral de Previdência Social.

O parágrafo único, do art. 444, da CLT, caminhando em sentido oposto de todo arcabouço jurídico laboral pátrio, vigente até a famigerada Lei n. 13.467/2017 ("Reforma Trabalhista"), criou a figura do empregado hiperssuficiente e deu-lhe autonomia tamanha, equiparando-o, em poder de negociação, autonomia de vontade, aos sindicatos representantes das categorias profissionais.

Assim, no que pertine às matérias previstas no art. 611-A, que poderão ser objeto de negociação coletiva (CCT ou CCT), poderão ser também objeto de negociação individual entre o empregado hiperssuficiente e o empregador.

Segundo o dispositivo em comento, empregado "hiperssuficiente" é aquele portador de diploma de curso superior e que vence salário mensal igual ou superior a 2 vezes o teto dos benefícios do Regime Geral da Previdência Social, hoje da ordem de R$ 11.291,60 (2 x R$ 5.645,80). Para o legislador, este obreiro possui paridade de armas, e, por isso, tem poder de barganha suficiente para negociar diretamente com empregador flexibilização direitos trabalhistas e previdenciários (multidisciplinar).

> Art. 448-A. Caracterizada a sucessão empresarial ou de empregadores prevista nos arts. 10 e 448 desta Consolidação, as obrigações trabalhistas, inclusive as contraídas à época em que os empregados trabalhavam para a empresa sucedida, são de responsabilidade do sucessor.
>
> Parágrafo único. A empresa sucedida responderá solidariamente com a sucessora quando ficar comprovada fraude na transferência.

A sucessão de empregadores continua prevista nos arts. 10 e 448, da CLT, segundo os quais qualquer alteração na estrutura jurídica da empresa não afetará o contrato de emprego. As novidades ficaram por conta da inclusão do art. 10-A, para tratar da retirada do sócio, e do art. 448-A, para, adotando entendimento doutrinário e jurisprudencial predominantes, disciplinar que, configurada a sucessão, somente a empresa sucessora responderá pelos débitos trabalhistas, salvo na hipótese de fraude, em que a responsabilidade será solidária.

> Art. 452-A. O contrato de trabalho intermitente deve ser celebrado por escrito e deve conter especificamente o valor da hora de trabalho, que não pode ser inferior ao valor horário do salário mínimo ou àquele devido aos demais empregados do estabelecimento que exerçam a mesma função em contrato intermitente ou não.
>
> § 1º O empregador convocará, por qualquer meio de comunicação eficaz, para a prestação de serviços, informando qual será a jornada, com, pelo menos, três dias corridos de antecedência.
>
> § 2º Recebida a convocação, o empregado terá o prazo de um dia útil para responder ao chamado, presumindo-se, no silêncio, a recusa.
>
> § 3º A recusa da oferta não descaracteriza a subordinação para fins do contrato de trabalho intermitente.
>
> § 4º Aceita a oferta para o comparecimento ao trabalho, a parte que descumprir, sem justo motivo, pagará à outra parte, no prazo de trinta dias, multa de 50% (cinquenta por cento) da remuneração que seria devida, permitida a compensação em igual prazo.
>
> § 5º O período de inatividade não será considerado tempo à disposição do empregador, podendo o trabalhador prestar serviços a outros contratantes.
>
> § 6º Ao final de cada período de prestação de serviço, o empregado receberá o pagamento imediato das seguintes parcelas:
>
> I — remuneração;
>
> II — férias proporcionais com acréscimo de um terço;
>
> III — décimo terceiro salário proporcional;
>
> IV — repouso semanal remunerado; e
>
> V — adicionais legais.
>
> § 7º O recibo de pagamento deverá conter a discriminação dos valores pagos relativos a cada uma das parcelas referidas no § 6º deste artigo.
>
> § 8º O empregador efetuará o recolhimento da contribuição previdenciária e o depósito do Fundo de Garantia do Tempo de Serviço, na forma da lei, com base nos valores pagos no período mensal e fornecerá ao empregado comprovante do cumprimento dessas obrigações.
>
> § 9º A cada doze meses, o empregado adquire direito a usufruir, nos doze meses subsequentes, um mês de férias, período no qual não poderá ser convocado para prestar serviços pelo mesmo empregador.

Segundo este dispositivo, trabalho intermitente é aquele em que o empregado, embora subordinado ao empregador, não tem habitualidade na prestação de serviços — a qual ocorre com alternância entre períodos de trabalho e de inatividade (que podem ser de horas, dias ou meses (art. 452-A, CLT). No período de inatividade, o empregado não estará à disposição do empregador (não sendo, portanto, remunerado); por isso, pode prestar serviços a outros tomadores (art. 452-C, § 5º). Em síntese, o trabalhador — embora devidamente registrado e vinculado à empresa — recebe apenas pelos dias em que trabalhar, efetivamente.

O contrato de trabalho intermitente é um contrato solene, posto que terá de ser celebrado por escrito (art. 452-A, *caput*). Deve conter o valor da hora de trabalho, que não pode ser inferior ao valor horário ou diário do salário mínimo e àquele devido aos demais empregados do estabelecimento que exerçam a mesma função.

O empregador deve convocar o empregado, por qualquer meio de comunicação eficaz, para a prestação de serviços, informando qual será a jornada, com, no mínimo, três dias corridos de antecedência (art. 452-A, § 1º). Recebida a convocação, o empregado terá o prazo de 1 dia útil para responder ao chamado, podendo o obreiro:

a) não responder à convocação, permanecendo silente, o que faz com que se presuma a recusa;

b) recursar a oferta, o que não descaracteriza a subordinação para fins do contrato de trabalho intermitente (§ 3º);

c) aceitar a oferta, executando os serviços determinados pelo empregador para o período.

De acordo com o § 4º, do artigo em tela, se a oferta de trabalho for aceita pelo obreiro, é necessário o cumprimento do acordado por ambas as partes. Dessarte, o empregado deve comparecer aos serviços nos dias combinados e o empregador permitir a prestação do labor. Se houver descumprimento do pactuado, sem justo motivo, a parte que deu causa ao inadimplemento contratual tem de pagar à outra parte multa equivalente ao valor de 50% da remuneração de que seria devida.

Na data acordada para o pagamento, o empregado receberá, de imediato (art. 452-A, § 6º): a) remuneração pelas horas efetivamente trabalhadas; b) férias proporcionais acrescidas de 1/3; c) 13º salário proporcional; d) repouso semanal remunerado; e) adicionais legais (incluindo adicional noturno). O empregador, por sua vez, deverá recolher as contribuições previdenciárias e os depósitos do FGTS com base no total dos valores pagos mensalmente ao empregado, fornecendo comprovante de tais obrigações ao obreiro (§ 8º).

A cada 12 meses de trabalho, o empregado adquire direito a usufruir, nos 12 meses subsequentes, um mês de férias, período durante o qual não poderá ser convocado para prestar serviços pelo mesmo empregador (art. 452-A, § 9º). Ressalte-se, porém, que o valor relativo às férias já foi recebido quando do pagamento da remuneração normal — por isso, nada é devido pelo mês de férias.

Entendemos que não pode ser celebrado o contrato de trabalho intermitente com o empregado doméstico, embora o legislador só tenha, expressamente, excepcionado a categoria dos aeronautas. Por definição legal, empregado doméstico é aquele que trabalha de forma contínua, como se observa do art. 1º, da Lei Complementar n. 150/2015, e o contrato intermitente mescla período de atividade com período de inação, logo incompatível a contratação de domésticos por esta modalidade contratual.

> Art. 456-A. Cabe ao empregador definir o padrão de vestimenta no meio ambiente laboral, sendo lícita a inclusão no uniforme de logomarcas da própria empresa ou de empresas parceiras e de outros itens de identificação relacionados à atividade desempenhada.
>
> Parágrafo único. A higienização do uniforme é de responsabilidade do trabalhador, salvo nas hipóteses em que forem necessários procedimentos ou produtos diferentes dos utilizados para a higienização das vestimentas de uso comum.

O artigo *sub examen*, disciplina o uso do uniforme e traz basicamente três novas diretrizes, a saber:

a) reafirmar a obrigatoriedade do uso do uniforme, caso haja essa determinação por parte da empresa, como um elemento inserido no âmbito do poder diretivo do empregador;

b) admitir a presença de propaganda, logomarca e outros elementos associados ao empregador ou empresas parceiras;

c) atribuir ao empregado o custo da lavagem e manutenção dos uniformes, ressalvados casos específicos que exijam produtos diferentes do de uso comum (vestimentas em contato com elementos radiativos, agrotóxicos e outros).

> Art. 457. ....
>
> § 1º Integram o salário a importância fixa estipulada, as gratificações legais e as comissões pagas pelo empregador.
>
> § 2º As importâncias, ainda que habituais, pagas a título de ajuda de custo, auxílio-alimentação, vedado seu pagamento em dinheiro, diárias para viagem, prêmios e abonos não integram a remuneração do empregado, não se incorporam ao contrato de trabalho e não constituem base de incidência de qualquer encargo trabalhista e previdenciário.

§ 4º Consideram-se prêmios as liberalidades concedidas pelo empregador em forma de bens, serviços ou valor em dinheiro a empregado ou a grupo de empregados, em razão de desempenho superior ao ordinariamente esperado no exercício de suas atividades.

As alterações realizadas no art. 457, da CLT, tiveram o desiderato reduzir a composição do complexo salarial e, consequentemente, os custos do empregador com a folha de pagamento, porquanto, em regra, os direitos trabalhistas são calculados tomando-se por base o complexo salarial (salário base (ou básico) + outras parcelas de natureza salarial).

Porém, podemos asseverar que o rol de parcelas componentes do salário, segundo a nova redação do § 2º, do art. 457, da CLT, tem caráter de *numerus apertus*, e não de *numerus clausus*. Nesse sentido, além da importância fixa estipulada, das gratificações legais e das comissões, também integram o salário outras retribuições feitas pelo empregador ao empregado, tais como: "luvas", gueltas, adicionais (noturno, de horas extras, de insalubridade, de periculosidade, de transferência).

A nova redação do § 2º, do art. 457, da CLT, complementando a redução do complexo salarial, retirou a natureza salarial do prêmio, dos abonos e das diárias para viagens, até mesmo as que excederem a 50% do salário.

Vale registrar que ajuda de custo jamais teve natureza salarial.

No § 4º, o legislador reformista limitou-se a conceituar prêmios, não o fazendo com relação aos abonos. Diante de tal omissão legislativa, registramos que, segundo o mestre e Ministro do TST, Mauricio Godinho Delgado, abonos são "antecipações pecuniárias efetuadas pelo empregador ao empregado".

Por não terem natureza salarial, os prêmios e os abonos podem deixar de ser pagos, sem caracterizar alteração contratual lesiva.

Art. 458. ....

§ 5º O valor relativo à assistência prestada por serviço médico ou odontológico, próprio ou não, inclusive o reembolso de despesas com medicamentos, óculos, aparelhos ortopédicos, próteses, órteses, despesas médico-hospitalares e outras similares, mesmo quando concedido em diferentes modalidades de planos e coberturas, não integram o salário do empregado para qualquer efeito nem o salário de contribuição, para efeitos do previsto na alínea 'q' do § 9º do art. 28 da Lei n. 8.212, de 24 de julho de 1991.

O salário pode ser pago em dinheiro (moeda de curso forçado) ou em dinheiro e utilidades (bens), conforme dispõe expressamente no art. 458, *caput*, da CLT.

Algumas prestações *in natura* (utilidades), apesar de fornecidas habitualmente ao empregado e de representarem um ganho para este, não são consideradas, pelo legislador, como salário utilidade (§ 2º, art. 458, CLT).

O § 5º, inserido no art. 458, da CLT, com a Lei n. 13.467/2017, preconiza, de maneira analítica, aquilo que o § 2º, IV, de forma sintética, já previa, ou seja, a natureza não salarial do fornecimento de benefícios assistenciais voltados para a área da saúde do trabalhador e de seus dependentes.

Ainda sobre a natureza não salarial das utilidades arroladas no § 2º, IV e novel § 5º, do art. 458, da CLT, vale registrar os sempre percucientes ensinamentos do Ministro Mauricio Godinho Delgado, segundo o qual: "Tais espécies de serviços concedidos, pelo empregador, a seus empregados e familiares, realizam a determinação constitucional de ser a saúde direito de todos e dever do Estado, a ser concretizado por este direta ou indiretamente (arts. 196 e 197, CF). É que a participação da comunidade nas ações e serviços públicos de saúde é estimulada pela Constituição (art. 198, *caput* e inciso III, CF). Dessa maneira, a oferta, pelo empregador, de tais serviços de saúde e correlatos não constitui, exata e exclusivamente, urna obrigação contratual ou regulamentar assumida pela entidade empregadora, porém o cumprimento, em certa medida, de um dever constitucional. Daí que tais serviços e seu valor econômico-financeiro não podem, realmente, se enquadrar corno de natureza salarial."

> Art. 461. Sendo idêntica a função, a todo trabalho de igual valor, prestado ao mesmo empregador, no mesmo estabelecimento empresarial, corresponderá igual salário, sem distinção de sexo, etnia, nacionalidade ou idade.
>
> § 1º Trabalho de igual valor, para os fins deste Capítulo, será o que for feito com igual produtividade e com a mesma perfeição técnica, entre pessoas cuja diferença de tempo de serviço para o mesmo empregador não seja superior a quatro anos e a diferença de tempo na função não seja superior a dois anos.
>
> § 2º Os dispositivos deste artigo não prevalecerão quando o empregador tiver pessoal organizado em quadro de carreira ou adotar, por meio de norma interna da empresa ou de negociação coletiva, plano de cargos e salários, dispensada qualquer forma de homologação ou registro em órgão público.
>
> § 3º No caso do § 2º deste artigo, as promoções poderão ser feitas por merecimento e por antiguidade, ou por apenas um destes critérios, dentro de cada categoria profissional.
>
> ....
>
> § 5º A equiparação salarial só será possível entre empregados contemporâneos no cargo ou na função, ficando vedada a indicação de paradigmas remotos, ainda que o paradigma contemporâneo tenha obtido a vantagem em ação judicial própria.
>
> § 6º No caso de comprovada discriminação por motivo de sexo ou etnia, o juízo determinará, além do pagamento das diferenças salariais devidas, multa, em favor do empregado discriminado, no valor de 50% (cinquenta por cento) do limite máximo dos benefícios do Regime Geral de Previdência Social.

A Lei n. 13.461/2017 reduziu consideravelmente as possibilidades de o empregado fazer jus à equiparação salarial, porquanto instituiu requisitos impeditivos ou, pelo menos, bastante limitativos, até então inexistentes.

Nessa toada, ao *caput*, do art. 461, da CLT, foi acrescentada a exigência de o paradigma e o paragonado terem de trabalhar no mesmo estabelecimento, não sendo mais suficiente o trabalho prestado para o mesmo empregador na mesma localidade.

Além deste fator restritivo ou impeditivo, foi acrescido ao § 1º, do artigo em tela, um outro requisito para a caracterização do trabalho de igual valor, qual seja: a inexistência de diferença de tempo de serviço, entre o paradigma e o paragonado, superior a 4 anos.

Impende registrar que os fatores discriminatórios, arrolados na parte final do artigo em tela (sexo, etnia, nacionalidade ou idade), são exemplificativos, não descartando outros, como, por exemplo: estado civil.

O § 2º, ampliando a autonomia patronal, dispõe que o quadro de carreira ou plano de cargo de salários deixa de ser obrigatoriamente registrado no Ministério do Trabalho e Emprego para fins de afastamento da equiparação salarial, bastando que seja adotado por meio de norma interna da empresa ou por negociação coletiva, prejudicando o disposto no item I, da Súmula n. 6, do TST.

Além disso, no plano ou no quadro, permitem-se as promoções por merecimento e por antiguidade, ou por apenas um desses critérios, dentro de cada categoria profissional (não sendo mais obrigatória, portanto, a alternância de critérios de promoção) — art. 461, §§ 2º e 3º, da CLT.

Finalmente, caso comprovada discriminação por motivo de sexo ou etnia, além das diferenças salariais, será devida multa, em favor do empregado discriminado, no valor de 50% do limite máximo dos benefícios do Regime Geral de Previdência Social (R$ 2.822,90) — art. 461, § 6º, da CLT.

Art. 468. ....

§ 1º ....

§ 2º A alteração de que trata o § 1º deste artigo, com ou sem justo motivo, não assegura ao empregado o direito à manutenção do pagamento da gratificação correspondente, que não será incorporada, independentemente do tempo de exercício da respectiva função. (NR)

Segundo preceitua o § 1º, do art. 468, da CLT: "Não se considera alteração unilateral a determinação do empregador para que o respectivo empregado reverta ao cargo efetivo, anteriormente ocupado, deixando o exercício de função de confiança."

O § 2º, do art. 468, da CLT, incluído com a Reforma Trabalhista, preceitua que a reversão do empregado para o cargo anteriormente ocupado, com ou sem motivo, não assegura ao obreiro o direito à manutenção do pagamento da gratificação, independentemente do tempo de exercício da respectiva função. Com essa previsão legislativa, deixa de ser aplicado o entendimento preconizado no item I, da Súmula n. 372, do TST.

> Art. 477. Na extinção do contrato de trabalho, o empregador deverá proceder à anotação na Carteira de Trabalho e Previdência Social, comunicar a dispensa aos órgãos competentes e realizar o pagamento das verbas rescisórias no prazo e na forma estabelecidos neste artigo.
>
> § 1º (Revogado).
>
> ....
>
> § 3º (Revogado).
>
> § 4º O pagamento a que fizer jus o empregado será efetuado:
>
> I — em dinheiro, depósito bancário ou cheque visado, conforme acordem as partes; ou
>
> II — em dinheiro ou depósito bancário quando o empregado for analfabeto.
>
> ....
>
> § 6º A entrega ao empregado de documentos que comprovem a comunicação da extinção contratual aos órgãos competentes bem como o pagamento dos valores constantes do instrumento de rescisão ou recibo de quitação deverão ser efetuados até dez dias contados a partir do término do contrato.
>
> a) (revogada);
>
> b) (revogada).
>
> § 7º (Revogado).
>
> ....
>
> § 10. A anotação da extinção do contrato na Carteira de Trabalho e Previdência Social é documento hábil para requerer o benefício do seguro-desemprego e a movimentação da conta vinculada no Fundo de Garantia do Tempo de Serviço, nas hipóteses legais, desde que a comunicação prevista no *caput* deste artigo tenha sido realizada. (NR)

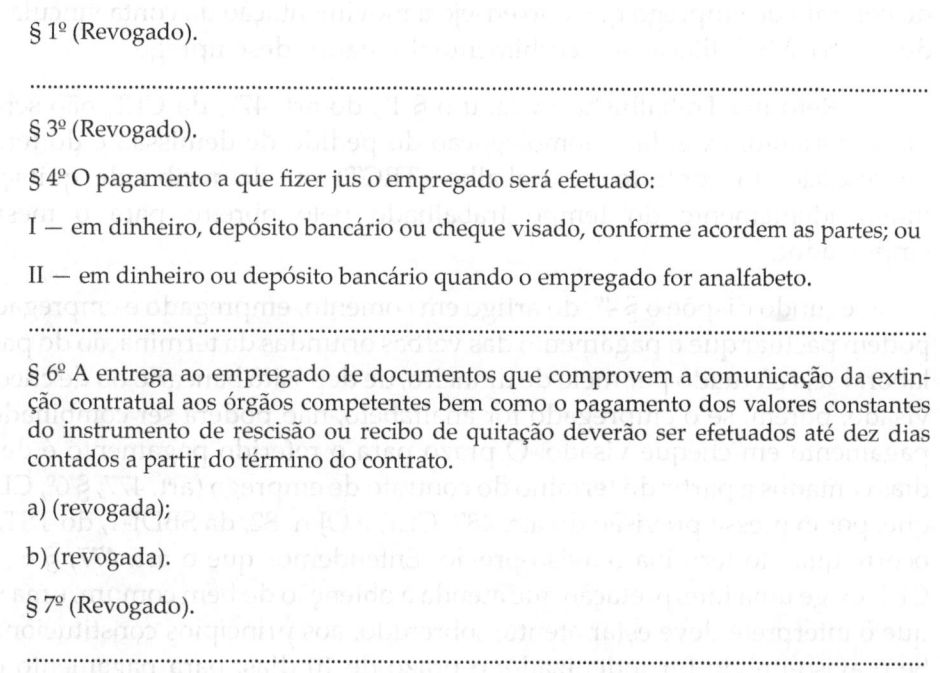

Em consonância com o art. 477, *caput*, e § 6º, da CLT, as formalidades a serem adotadas pelo empregador na cessação do contrato individual de emprego, são as seguintes:

a) proceder à anotação da data de "saída" na Carteira de Trabalho e Previdência Social (CTPS);

b) comunicar a dispensa aos órgãos competentes;

c) realizar o pagamento das verbas rescisórias no prazo e na forma previstos em lei;

d) entregar ao empregado os documentos que comprovem a comunicação da extinção contratual aos órgãos competentes.

Vale registrar que a anotação da extinção do pacto laboral na CTPS é o documento hábil para o empregado requerer, se for o caso, o recebimento do seguro-desemprego e a movimentação da conta vinculada, desde que o empregador tenha efetuado as devidas comunicações do término do contrato aos órgãos competentes (§ 10, art. 477, CLT).

Diz-se, se for o caso, porquanto não são todas as modalidades de extinção do contrato de emprego que dão ensejo à movimentação da conta vinculadas do FGTS e à habilitação ao recebimento do seguro-desemprego.

A Reforma Trabalhista revogou o § 1º, do art. 477, da CLT, não sendo mais, portanto, exigida a homologação do pedido de demissão e do termo de rescisão do contrato de trabalho (TRCT) ou do recibo de quitação, independentemente do tempo trabalhado pelo obreiro para o mesmo empregador.

Segundo dispõe o § 4º, do artigo em comento, empregado e empregador podem pactuar que o pagamento das verbas oriundas da terminação do pacto laboral seja efetuado por meio de dinheiro, de depósito bancário ou de cheque visado, porém, se o empregado for analfabeto, não poderá ser combinado o pagamento em cheque visado. O prazo para o referido pagamento é de 10 dias contados a partir do término do contrato de emprego (art. 477, § 6º, CLT), que, por expressa previsão do art. 487, CLT, e OJ n. 82, da SBDI-1, do TST, só ocorre quando termina o aviso-prévio. Entendemos que o art. 477, § 6º, da CLT, exige uma interpretação que atenda à obtenção do bem comum, uma vez que o intérprete deve estar atento, sobretudo, aos princípios constitucionais. Se o aviso-prévio for indenizado, o prazo de 10 dias, para pagamento das verbas resilitórias, inicia-se com a concessão do aviso; quando o aviso for trabalhado, o prazo de 10 dias iniciar-se-á após o término do aviso-prévio. Na hipótese de aviso-prévio trabalhado, tendo o empregado optado por faltar ao serviço, durante seus sete últimos dias, o prazo inicia-se apenas após o término deste período.

Abaixo o entendimento dos mestres Mauricio Godinho Delgado e Gabriela Neves Delgado, (*A Reforma Trabalhista no Brasil*, LTr, 2017, p. 179) *verbis*:

> (...) deve-se interpretar que a intenção legal foi a de estabelecer prazo único de dez dias contado do dia do término efetivo do contrato (se não houver aviso prévio — caso de contratos a termo) ou do dia do término fático do contrato de trabalho, se houver aviso prévio indenizado (ou seja, do dia da comunicação do pré-aviso) ou se se tratar de pedido de demissão pelo próprio empregado, com dispensa de cumprimento de seu aviso. Naturalmente, se o aviso-

-prévio for do tipo trabalhado, esse prazo de dez dias conta-se do término do cumprimento do aviso.

A seguir, o entendimento do Egrégio TRT da 4ª Região, *ipsis litteris:*

Comissão n: 06 Temática: Extinção do Contrato e Quitação de Parcelas. Dispensas individuais e coletivas. Procedimento de quitação individual e procedimento de quitação voluntária. Arbitragem e cláusula compromissória.

PROPOSTA 1:

Art. 477 da CLT A supressão da expressão 'maior remuneração' do *caput* do art. 477 da CLT não modifica a forma de cálculo das parcelas rescisórias, pois cada uma delas já possui os seus critérios de apuração previstos nas leis que as instituem. O prazo de dez dias para pagamento das parcelas rescisórias, independentemente da forma de extinção do contrato de trabalho, conta-se a partir da data da cessação da prestação de serviços, desconsiderando-se, no caso de aviso-prévio indenizado, a projeção ficta do término do contrato. Na hipótese de aviso-prévio trabalhado, com opção do empregado por faltas ao serviço durante seus 07 últimos dias, o prazo inicia-se apenas após o término deste período. Aplica-se o disposto no art. 477 da CLT para todos os contratos encerrados a partir de 11.11.2017. Aprovada por maioria"

"Art. 477-A. As dispensas imotivadas individuais, plúrimas ou coletivas equiparam-se para todos os fins, não havendo necessidade de autorização prévia de entidade sindical ou de celebração de convenção coletiva ou acordo coletivo de trabalho para sua efetivação.

Este artigo, inserido, na CLT, com a "Reforma Trabalhista", equipara, para todos os fins, as dispensas individuais, plúrimas e coletivas, ignorando a diferente natureza jurídica desses institutos, além de afastar a necessidade de prévia negociação coletiva ou participação sindical, o que não apenas precariza e fragiliza as relações de emprego, como também não veda expressamente eventuais arbitrariedades dos empregadores. Este dispositivo encontra-se na contramão do princípio da continuidade da relação de emprego, um dos norteadores do Direito do Trabalho. Lamentável!

Art. 477-B. Plano de Demissão Voluntária ou Incentivada, para dispensa individual, plúrima ou coletiva, previsto em convenção coletiva ou acordo coletivo de trabalho, enseja quitação plena e irrevogável dos direitos decorrentes da relação empregatícia, salvo disposição em contrário estipulada entre as partes.

Antes da reforma, a adesão de empregado a qualquer plano de desligamento voluntário (PDV/PDI) não gerava quitação do contrato de trabalho, ou seja, não prejudicava a propositura posterior de ações judiciais, conforme OJ n. 270, da SBDI-1, do Tribunal Superior do Trabalho, *verbis:*

A transação extrajudicial que importa rescisão do contrato de trabalho ante a adesão do empregado a plano de demissão voluntária implica quitação exclusivamente das parcelas e valores constantes do recibo.

A reforma trabalhista, caminhando em sentido diametralmente oposto ao trilhado pelo TST, inseriu, na CLT, o art. 477-B, segundo o qual a adesão do empregado ao PDV/PDI implica quitação plena e irrevogável dos direitos oriundos da relação empregatícia, salvo se houver ressalvas específicas subscritas por ambas as partes, exigindo, como condição de validade, a previsão em negociação coletiva. Assim, se a adesão obedecer à forma prevista em lei, a quitação abrangerá também as ações judiciais em curso, detalhe importante a ser observado.

> Art. 482. ....
>
> m) perda da habilitação ou dos requisitos estabelecidos em lei para o exercício da profissão, em decorrência de conduta dolosa do empregado.
>
> ....

A alínea *"m"*, do art. 482, foi acrescentada pela Reforma Trabalhista. O presente dispositivo refere-se à hipótese do empregado cuja função exige o preenchimento de determinados requisitos legais ou habilitação para o seu exercício. Caso o obreiro venha a perder a habilitação ou o requisito legal exigido, por conduta dolosa, haverá hipótese de justa causa para a dispensa do empregado.

Vale registrar que, caso a perda da habilitação ou dos requisitos legais seja originária de conduta culposa ou forma maior, o preceptivo legal em comento não autoriza a dispensa por justa causa do empregado, que poderá ser dispensado sem justa causa, se porventura não for portador de estabilidade no emprego.

> Art. 484-A. O contrato de trabalho poderá ser extinto por acordo entre empregado e empregador, caso em que serão devidas as seguintes verbas trabalhistas:
>
> I — por metade:
>
> a) o aviso prévio, se indenizado; e
>
> b) a indenização sobre o saldo do Fundo de Garantia do Tempo de Serviço, prevista no § 1º do art. 18 da Lei n. 8.036, de 11 de maio de 1990;
>
> II — na integralidade, as demais verbas trabalhistas.
>
> § 1º A extinção do contrato prevista no *caput* deste artigo permite a movimentação da conta vinculada do trabalhador no Fundo de Garantia do Tempo de Serviço na forma do inciso I-A do art. 20 da Lei n. 8.036, de 11 de maio de 1990, limitada até 80% (oitenta por cento) do valor dos depósitos.
>
> § 2º A extinção do contrato por acordo prevista no *caput* deste artigo não autoriza o ingresso no Programa de Seguro-Desemprego.

Era comum a ocorrência de acordo entre empregado e empregador para simular dispensa e sem justa causa. Dita prática configurava fraude ao FGTS, porquanto a dispensa era realizada apenas para viabilizar o saque dos depósitos do FGTS e o recebimento das parcelas do seguro desemprego.

Como o fato social é fonte material do direito, a Lei n. 13.467/2017 (Reforma Trabalhista), inseriu, na CLT, o art. 484-A, admitindo o distrato como forma de cessação do contrato de trabalho.

De acordo com o presente artigo, na hipótese de distrato, os empregados farão jus ao recebimento das seguintes verbas:

a) 50% do aviso-prévio, se for indenizado. Na hipótese de aviso-prévio trabalhado, terá direito ao recebimento integral (art. 484-A, I, *a*, CLT);

b) 20% de indenização sobre os depósitos atualizados do FGTS (art. 484-A, I, *b*, CLT);

c) saque de até 80% do FGTS (art. 484-A, § 1º, CLT e art. 20, I-A, Lei n. 8.036/90);

d) saldo de salário, férias vencidas + 1/3 e 13º salários vencidos, se houver; férias+1/3 e décimo terceiro proporcionais (art. 484-A, II, CLT).

Não fará, no entanto, jus ao recebimento do seguro-desemprego (§ 2º). Importante trazer a lume que, no distrato, não há necessidade de homologação judicial, nem administrativa, pelo Ministério do Trabalho e Emprego, nem pelo sindicato.

> Art. 507-A. Nos contratos individuais de trabalho cuja remuneração seja superior a duas vezes o limite máximo estabelecido para os benefícios do Regime Geral de Previdência Social, poderá ser pactuada cláusula compromissória de arbitragem, desde que por iniciativa do empregado ou mediante a sua concordância expressa, nos termos previstos na Lei n. 9.307, de 23 de setembro de 1996.

No Processo Laboral, a arbitragem só era prevista como forma de solução de conflitos coletivos (§ 1º, art. 114, CRFB). O art. 507-A, da CLT, passa a prever a arbitragem para solucionar também conflitos individuais, desde que o obreiro seja hiperssuficiente, ou seja, vença remuneração mensal superior a duas vezes o teto estabelecido para os benefícios do Regime Geral da Previdência Social, o equivalente atualmente ao valor de R$ 11.291,60.

Impende destacar que a cláusula compromissória consiste na convenção em que as partes previamente combinam, que, se porventura houver conflito acerca daquele contrato, ele será resolvido via arbitragem.

> Art. 507-B. É facultado a empregados e empregadores, na vigência ou não do contrato de emprego, firmar o termo de quitação anual de obrigações trabalhistas, perante o sindicato dos empregados da categoria.
>
> Parágrafo único. O termo discriminará as obrigações de dar e fazer cumpridas mensalmente e dele constará a quitação anual dada pelo empregado, com eficácia liberatória das parcelas nele especificadas.

Segundo o artigo em análise, acrescentado à CLT pela Reforma Trabalhista, é facultada, por acordo individual, a quitação anual das obrigações trabalhistas.

O termo de quitação deverá discriminar as obrigações de dar e de fazer cumpridas mensalmente e terá eficácia liberatória das parcelas nele especificadas. A quitação, com a devida assistência da entidade sindical, possibilita a eficácia liberatória em relação às parcelas expressamente previstas.

Sobreleva observar que, para que haja eficácia liberatória, o artigo em exame condiciona a homologação do termo de quitação no sindicato representante da categoria profissional.

O sindicato da categoria profissional terá um papel relevante e de muita responsabilidade neste particular. Será imprescindível avaliar toda a documentação antes de validar a eficácia liberatória do termo de quitação anual.

CAPÍTULO 4º
DIREITOS TRABALHISTAS DOS EMPREGADOS DOMÉSTICOS

Iremos destacar neste capítulo os direitos atualmente assegurados, pelo ordenamento jurídico pátrio, aos empregados domésticos.

4.1. SALÁRIO MÍNIMO

A Constituição de 1988, em seu art. 7º, IV, preconiza, como direito dos empregados, o salário mínimo nacionalmente unificado, atualmente da ordem de R$ 954,00 (novecentos e cinquenta e quatro reais). Dessarte, com a promulgação da atual da Constituição, não existe mais o chamado salário mínimo "regional". No entanto, com espeque no art. 22, da Carta Magna, foi editada a Lei Complementar n. 103/2000, autorizando os Estados e o Distrito Federal, por meio de proposta de iniciativa do Poder Executivo respectivo, a instituir piso salarial para os empregados.

Se o empregado doméstico não for contratado para laborar de segunda-feira a sábado, mas, por exemplo, apenas três vezes por semana, deverá receber, pelo menos, o valor do salário mínimo dia, multiplicado pelos dias laborados no mês, com a inclusão do pagamento do repouso semanal, conforme arts. 2º e 3º, da LC n. 150/2015. Antes mesmo da edição da LC n. 150/2015, o TST já vinha admitindo o pagamento de salário proporcional às horas laboradas, respeitado o valor do salário mínimo, *in verbis*:

> AGRAVO DE INSTRUMENTO. RECURSO DE REVISTA. PROCEDIMENTO SUMARÍSSIMO. EMPREGADO DOMÉSTICO. JORNADA REDUZIDA. SALÁRIO MÍNIMO. PROPORCIONALIDADE. O art. 7º, IV, da Constituição da República garante o salário mínimo como sendo a menor remuneração paga ao trabalhador. Todavia, a interpretação desse dispositivo deve ser feita considerando o inciso XIII do referido dispositivo constitucional, o qual estabelece o limite da jornada de trabalho de oito horas diárias e quarenta e quatro semanais. Nesse sentido, se a jornada de trabalho contratada do empregado, ainda que trabalhador doméstico, é inferior àquela constitucionalmente estipulada, o salário pode ser pago de forma proporcional ao número de horas trabalhadas em jornada reduzida. Agravo de instrumento a que se nega provimento." (TST-AIRR- 169500-15.2002.5.03.0025, Rel. Min. Walmir Oliveira da Costa, 1ª Turma, DEJT de 17.4.2009).

Caso haja piso salarial para a categoria, este deverá ser observado, para todos os efeitos, incluindo a hipótese de cálculo do salário proporcional aos dias, para os quais o empregado foi contratado para laborar, isto é, proporcional a 3 ou 4 dias, por exemplo. A jurisprudência do C. TST caminha nessa toada, como se depreende da OJ (Orientação Jurisprudencial) n. 358, da SBDI-I, *verbis:*

> SALÁRIO MÍNIMO E PISO SALARIAL PROPORCIONAL À JORNADA REDUZIDA. EMPREGADO. SERVIDOR PÚBLICO
>
> I — Havendo contratação para cumprimento de jornada reduzida, inferior à previsão constitucional de oito horas diárias ou quarenta e quatro semanais, é lícito o pagamento do piso salarial ou do salário mínimo proporcional ao tempo trabalhado.
>
> II — Na Administração Pública direta, autárquica e fundacional não é válida remuneração de empregado público inferior ao salário mínimo, ainda que cumpra jornada de trabalho reduzida. Precedentes do Supremo Tribunal Federal.

Atualmente, em diversos estados brasileiros, há previsão de piso salarial, para os empregados domésticos. Nesse caso, a contribuição previdenciária deverá respeitar o valor do piso salarial, nos termos do art. 54, § 1º, inc. II, da IN RFB n. 971/2009, do INSS, alterada pela INSTRUÇÃO NORMATIVA MF/RFB N. 1.810, de 13 de junho de 2018 — DOU DE 14.6.2018. IN RFB n. 1.777/2017, *verbis:*

> Art. 54. A base de cálculo da contribuição social previdenciária dos segurados do RGPS é o salário-de-contribuição, observados os limites mínimo e máximo
>
> § 1º O limite mínimo do salário-de-contribuição corresponde:
>
> I — para os segurados empregado e trabalhador avulso, ao piso salarial legal ou normativo da categoria ou ao piso estadual conforme definido na Lei Complementar n. 103, de 14 de julho de 2000, ou, inexistindo estes, ao salário mínimo, tomado no seu valor mensal, diário ou horário, conforme o ajustado, e o tempo de trabalho efetivo durante o mês;
>
> II — para o empregado doméstico, ao piso estadual conforme definido na Lei Complementar n. 103, de 14 de julho de 2000, ou, inexistindo este, ao salário mínimo, tomados nos seus valores mensal, diário ou horário, conforme o ajustado, e o tempo de trabalho efetivo durante o mês;

Frise-se que o pagamento do salário deve se dar mediante recibo, por ser aplicável ao contrato de emprego dos domésticos o comando insculpido no art. 464, da CLT. O recibo de salário deve especificar as parcelas que estão sendo pagas, evitando-se o salário complessivo, pois este é vedado pela Súmula n. 91, do TST.

A LC n.150/2015 foi omissa quanto à periodicidade e quanto à época do pagamento do salário do doméstico, sendo aplicável a regra do art. 459, da CLT. À luz do exposto, dessume-se que o pagamento do salário deve se dar até o quinto dia útil do mês subsequente.

4.1.1. Proteção quanto a descontos no salário

O art. 18, da LC n. 150/2015, proíbe aos empregadores domésticos efetuarem certos descontos no salário do doméstico, *verbis:*

Art. 18. É vedado ao empregador doméstico efetuar descontos no salário do empregado por fornecimento de alimentação, vestuário, higiene ou moradia, bem como por despesas com transporte, hospedagem e alimentação em caso de acompanhamento em viagem.

§ 1º É facultado ao empregador efetuar descontos no salário do empregado em caso de adiantamento salarial e, mediante acordo escrito entre as partes, para a inclusão do empregado em planos de assistência médico-hospitalar e odontológica, de seguro e de previdência privada, não podendo a dedução ultrapassar 20% (vinte por cento) do salário.

§ 2º Poderão ser descontadas as despesas com moradia de que trata o *caput* deste artigo quando essa se referir a local diverso da residência em que ocorrer a prestação de serviço, desde que essa possibilidade tenha sido expressamente acordada entre as partes.

§ 3º As despesas referidas no *caput* deste artigo não têm natureza salarial nem se incorporam à remuneração para quaisquer efeitos.

§ 4º O fornecimento de moradia ao empregado doméstico na própria residência ou em morada anexa, de qualquer natureza, não gera ao empregado qualquer direito de posse ou de propriedade sobre a referida moradia.

Aplica-se ao contrato de emprego doméstico o previsto no art. 462, da CLT, logo, se o empregado doméstico causou dano ao patrimônio do empregador, por ato culposo, para que este possa realizar o respectivo desconto, mister que haja tal previsão no contrato de emprego. Quando o dano for causado por ato doloso do empregado, o desconto será lícito, independentemente, de previsão contratual. No campo prático, na seara processual, bastante complexo para o empregador provar que o empregado agiu com dolo.

4.2. IRREDUTIBILIDADE SALARIAL

A irredutibilidade salarial, preconizada no inciso VI, do art. 7º, da Carta Magna, trata-se de regra de proteção ao valor do salário, impedindo que o empregador o reduza. Logo a redução salarial unilateral é vedada, porém a atual CRFB flexibilizou a regra da irredutibilidade salarial, prevendo a possibilidade de redução mediante convenção ou acordo coletivo de trabalho.

A possibilidade de redução salarial via negociação coletiva passou a ser aplicável à categoria dos empregados domésticos, ante a inclusão do XXVI no rol constante do parágrafo único, do art. 7º, da CRFB.

4.3. GARANTIA DE SALÁRIO, NUNCA INFERIOR AO MÍNIMO, PARA OS QUE PERCEBEM REMUNERAÇÃO VARIÁVEL

Sobre o tema leciona Marcelo Moura:

> Todos os empregados que recebem remuneração variável (pecistas, comissionistas ou tarefeiros), sem que o contrato preveja uma parcela fixa, terão sempre garantido o salário mínimo quando o

resultado do trabalho do empregado não atingir este valor (neste sentido o art. 7º, VII, da CF: "garantia de salário, nunca inferior ao mínimo, para os que percebem remuneração variável").

Consignamos que não vemos como tal previsão, inserida no rol de direitos trabalhistas dos empregados domésticos, pela EC n. 72/2013, possa ter aplicabilidade nos contratos de emprego doméstico.

4.4. PROTEÇÃO DO SALÁRIO NA FORMA DA LEI, CONSTITUINDO CRIME SUA RETENÇÃO DOLOSA

O inciso X, do art. 7º, da CRFB, que criminaliza a retenção dolosa do salário, ainda não foi regulamentado. No entanto, Mauricio Godinho Delgado entende que:

> Não há porque considerar-se ineficaz tal preceito constitucional. É que o tipo penal da apropriação indébita (art. 168, Código Penal) ajusta-se plenamente à hipótese (limitado, evidentemente, às situações de dolo), conferindo absoluta e cabal tipificação ao ilícito nos casos de retenção dolosa do salário-base incontroverso, por exemplo.

4.5. ANOTAÇÃO NA CARTEIRA DE TRABALHO E PREVIDÊNCIA SOCIAL (CTPS)

O art. 9º, da LC n. 150/2015, reza que: "Art. 9º A Carteira de Trabalho e Previdência Social será obrigatoriamente apresentada, contra recibo, pelo empregado ao empregador que o admitir, o qual terá o prazo de 48 (quarenta e oito) horas para nela anotar, especificamente, a data de admissão, a remuneração e, quando for o caso, os contratos previstos nos incisos I e II do art. 4º."

O prazo de 48 horas para o empregador anotar a CTPS do empregado doméstico é idêntico ao previsto no art. 29, da CLT.

4.5.1. Contrato de experiência

Quando o assunto em foco é o de anotação de CTPS, mister registrar este subitem, para falar do contrato de experiência. Afirma-se isso, pois a prática da advocacia trabalhista nos permite concluir que muitos empregadores e, até mesmo, muitos empregados desconhecem que o contrato de experiência, por ser uma espécie de contrato de trabalho, exige a assinatura da CTPS, no prazo disciplinado no item acima, qual seja, 48 (quarenta e oito) horas.

Dirimindo controvérsias doutrinárias e jurisprudenciais, a LC 150/2015, expressamente, prevê a possibilidade de contratação do doméstico, por meio do contrato de experiência, desde que observadas as disposições abaixo, *verbis*:

Art. 4º É facultada a contratação, por prazo determinado, do empregado doméstico:

I — mediante contrato de experiência;

II — para atender necessidades familiares de natureza transitória e para substituição temporária de empregado doméstico com contrato de trabalho interrompido ou suspenso.

Parágrafo único. No caso do inciso II deste artigo, a duração do contrato de trabalho é limitada ao término do evento que motivou a contratação, obedecido o limite máximo de 2 (dois) anos.

Art. 5º O contrato de experiência não poderá exceder 90 (noventa) dias.

§ 1º O contrato de experiência poderá ser prorrogado 1 (uma) vez, desde que a soma dos 2 (dois) períodos não ultrapasse 90 (noventa) dias.

§ 2º O contrato de experiência que, havendo continuidade do serviço, não for prorrogado após o decurso de seu prazo previamente estabelecido ou que ultrapassar o período de 90 (noventa) dias passará a vigorar como contrato de trabalho por prazo indeterminado.

Art. 6º Durante a vigência dos contratos previstos nos incisos I e II do art. 4º, o empregador que, sem justa causa, despedir o empregado é obrigado a pagar-lhe, a título de indenização, metade da remuneração a que teria direito até o termo do contrato.

Art. 7º Durante a vigência dos contratos previstos nos incisos I e II do art. 4º, o empregado não poderá se desligar do contrato sem justa causa, sob pena de ser obrigado a indenizar o empregador dos prejuízos que desse fato lhe resultarem.

Parágrafo único. A indenização não poderá exceder aquela a que teria direito o empregado em idênticas condições.

Art. 8º Durante a vigência dos contratos previstos nos incisos I e II do art. 4º, não será exigido aviso prévio.

Assim, como previsto na CLT (parágrafo único, do art. 445, c/c art. 451) para os demais empregados, a LC n. 150/2015 fixa o prazo máximo de 90 (noventa) dias, para a duração do contrato de experiência, bem como a possibilidade de apenas 1 (uma) prorrogação. Caso ocorra a prorrogação, é preciso que esta observe o limite máximo de 90 dias. Assim, por exemplo, pode ser contratado o doméstico, a título de experiência, por 30 (trinta) dias e ocorrer uma (única) prorrogação de "até" 60 (sessenta dias).

4.6. ADICIONAL NOTURNO

O trabalho noturno, por ser mais desgastante, possui remuneração superior ao do trabalho diurno (art. 7º, IX,CRFB). O adicional noturno devido ao empregado doméstico, de acordo com o § 2º, do art. 14, da LC n. 150/2015, é igual ao dos trabalhadores urbanos (art. 73, da CLT), ou seja, de, no mínimo, 20% sobre o valor da hora diurna. Para o empregado doméstico, assim como para o empregado regido pela CLT (art. 73, da CLT), o trabalho noturno é aquele desempenhado entre 22h de um dia e 5h do dia seguinte (art. 14, *caput*, da LC n. 150/2015).

A redução ficta da hora noturna para 52'30", prevista no art. 73, da CLT, a partir da edição da Lei Complementar n. 150/2015, passou a ser aplicável também ao empregado doméstico (§ 1º, do art. 14).

Nos horários mistos (diurno e noturno), a jornada após as 22h deverá ser de forma reduzida (52'30") e com o adicional legal (§ 4º, do art. 14, da LC n. 150/2015).

O adicional noturno pago com habitualidade integra o salário do empregado para todos os efeitos (Súmula n. 60, do TST), regra aplicável aos domésticos. Caso haja alteração do turno de trabalho, do noturno para o diurno, o empregado perde o direito ao recebimento do adicional noturno (Súmula n. 265, do TST). O adicional noturno integra a base de cálculo das horas extraordinárias prestadas no período noturno (OJ n. 97, da SBDI-I, do TST), entendimento aplicável aos domésticos.

4.7. ADICIONAL DE ACOMPANHAMENTO EM VIAGEM

O adicional em tela trata-se de uma inovação legislativa. A LC n. 150/2015 dispõe, em seu art. 11, que o acompanhamento em viagem será condicionado à prévia existência de acordo escrito entre o empregado e o empregador e que a remuneração-hora do serviço em viagem será, no mínimo, 25% (vinte e cinco por cento) superior ao valor do salário-hora normal, *in verbis*:

> Art. 11. Em relação ao empregado responsável por acompanhar o empregador prestando serviços em viagem, serão consideradas apenas as horas efetivamente trabalhadas no período, podendo ser compensadas as horas extraordinárias em outro dia, observado o art. 2º.
>
> § 1º O acompanhamento do empregador pelo empregado em viagem será condicionado à prévia existência de acordo escrito entre as partes.
>
> § 2º A remuneração-hora do serviço em viagem será, no mínimo, 25% (vinte e cinco por cento) superior ao valor do salário-hora normal.
>
> § 3º O disposto no § 2º deste artigo poderá ser, mediante acordo, convertido em acréscimo no banco de horas, a ser utilizado a critério do empregado.

Verifica-se também o seguinte :

a) o tempo de acompanhamento em viagem poderá, caso haja acordo escrito nesse sentido, ser objeto de compensação, a critério do empregado;

b) é vedado ao empregador efetuar desconto do salário do empregado das despesas com transporte, hospedagem e alimentação nessa hipótese.

4.8. DÉCIMO TERCEIRO SALÁRIO

A gratificação natalina, denominada de décimo terceiro salário pela atual Carta Magna, foi instituída pela Lei n. 4.090/1962. Posteriormente, foi editada a Lei n. 4.749/1965, que alterou e acrescentou dispositivos à lei instituidora. Possui natureza salarial.

O décimo terceiro do empregado doméstico será pago da mesma forma que a qualquer outro empregado. Aliás, neste sentido, o disposto no art. 19, da LC 150/ 2015, *in verbis*:

> Art. 19. Observadas as peculiaridades do trabalho doméstico, a ele também se aplicam as Leis n. 605, de 5 de janeiro de 1949, n. 4.090, de 13 de julho de 1962, n. 4.749, de 12 de agosto de 1965, e n. 7.418, de 16 de dezembro de 1985, e, subsidiariamente, a Consolidação das Leis do Trabalho (CLT), aprovada pelo Decreto-Lei n. 5.452, de 1º de maio de 1943.

Assim, de acordo com o art. 2º, da Lei n. 4.749/65, a primeira parcela deverá ser paga entre os meses de fevereiro e novembro (até dia 30), já a segunda deverá ser paga até o dia 20 de dezembro. Poderá, também, a primeira parcela ser paga na ocasião em que o empregado sair de férias, desde que este o requeira no mês de janeiro do correspondente ano (§ 2º, do art. 2º, da Lei n. 4.749/65). Assim sendo, entendemos que se trata de uma faculdade outorgada ao empregado.

O valor do décimo terceiro salário deve ser apurado com base na remuneração integral (art. 7º, VIII, da CRFB). Segundo o art. 1º, § 2º, da Lei n. 4.090/62, a fração igual ou superior a 15 (quinze) dias de trabalho será havida como mês integral para efeitos do cálculo da proporcionalidade desse direito. Assim, o empregado doméstico que foi contratado em 14 julho, com salário de R$ 1.800,00 (mil e oitocentos reais), no mês de dezembro, fará juz a R$ 900,00 (novecentos reais) a título de 13º salário, ou seja, 6/12 avos.

Em consonância com o entendimento uniforme da jurisprudência trabalhista, numa interpretação a *contrario sensu*, o empregado só não terá direito ao 13º salário proporcional quando for dispensado por justa causa (Súmula n. 157, do TST).

4.9. REPOUSO SEMANAL REMUNERADO E FERIADO

O repouso semanal é o período de descanso a que tem direito o empregado, após um determinado número de dias ou horas de trabalho por semana, com o fim de proporcionar-lhe um descanso higiênico, social e recreativo. Também é denominado de repouso hebdomadário. Este repouso foi instituído pela Lei n. 605/49, que excluía expressamente da sua abrangência o empregado doméstico (art. 5º, alínea *a*). Assim, essa categoria profissional somente passou a contar com este direito a partir da Constituição de 1988, por força do art. 7º, inc. XV, c/c o parágrafo único.

De acordo com o art. 16, da LC n. 150/2015, "É devido ao empregado doméstico descanso semanal remunerado de, no mínimo, 24 (vinte e quatro) horas consecutivas, preferencialmente aos domingos, além de descanso remunerado em feriados."

Embora a LC n. 150/2015 seja omissa, entendemos que, tal como acontece com os empregados urbanos e rurais, **a remuneração** do repouso semanal constitui direito condicionado, pois depende da assiduidade e da pontualidade do trabalhador, durante a semana que o precede. Dessarte, se o trabalhador faltou ou atrasou-se, injustificadamente, durante a semana, poderá vir a perder **a remuneração** do repouso (art. 6º, da Lei n. 605/49). Entretanto, se o empregador aceitou a justificativa do empregado, ou se tratou de ausência/atraso previstos pela legislação, e não se efetuou o desconto do dia ou do período de atraso, não há que se falar em perda da remuneração do repouso semanal. Destacamos que a inobservância ao binômio acima (frequência e pontualidade) conduzirá à perda à remuneração do repouso, mas não ao gozo do descanso.

O repouso semanal será concedido, preferencialmente, aos domingos, conforme determinam a Constituição da República e o art. 16, da LC n. 150/2015, logo poderá ser concedido em outro dia da semana. Se o empregado doméstico trabalhar no domingo ou no feriado e não contar com o descanso em outro dia da semana, fará jus ao recebimento em dobro do domingo laborado, conforme preceitua a Súmula n. 146, do TST, *verbis*:

> **TRABALHO EM DOMINGOS E FERIADOS, NÃO COMPENSADO.** O trabalho prestado em domingos e feriados, não compensado, deve ser pago em dobro, sem prejuízo da remuneração relativa ao repouso semanal.

O descanso semanal deverá ser concedido a cada 6 (seis) dias de trabalho, porquanto de nada adianta concedê-lo fora do instante adequado, nesse sentido, veja-se a OJ n. 410, da SBDI-I, do TST:

> **REPOUSO SEMANAL REMUNERADO. CONCESSÃO APÓS O SÉTIMO DIA CONSECUTIVO DE TRABALHO. ART. 7º, XV, DA CF. VIOLAÇÃO.** Viola o art. 7º, XV, da CF a concessão de repouso semanal remunerado após o sétimo dia consecutivo de trabalho, importando no seu pagamento em dobro.

Conforme se aduziu, o repouso semanal é preferencialmente aos domingos. Assim, em decorrência do comando constitucional, não pode o empregado laborar várias semanas sem que o empregador lhe conceda o repouso no domingo. Entendemos que, em se tratando de empregada doméstica, deve ser observada a regra constante do art. 386, da CLT, que exige que o repouso coincida com o domingo, no máximo, quinzenalmente.

O doméstico que labora de segunda-feira a sábado, cujo pagamento do salário foi ajustado por quinzena ou por mês, tem a remuneração do repouso semanal e a do descanso no feriado já inclusas no salário, enquadrando-se nessa situação o empregado que labora no regime 12 x 36. Nessa toada o art. 10, da LC n. 150/2015, *ipsis litteris*:

> Art. 10. É facultado às partes, mediante acordo escrito entre essas, estabelecer horário de trabalho de 12 (doze) horas seguidas por 36 (trinta e seis) horas ininterruptas de descanso, observados ou indenizados os intervalos para repouso e alimentação.
>
> § 1º A remuneração mensal pactuada pelo horário previsto no *caput* deste artigo abrange os pagamentos devidos pelo descanso semanal remunerado e pelo descanso em feriados, e serão considerados compensados os feriados e as prorrogações de trabalho noturno, quando houver, de que tratam o art. 70 e o § 5º do art. 73 da Consolidação das Leis do Trabalho (CLT), aprovada pelo Decreto-Lei n. 5.452, de 1º de maio de 1943, e o art. 9º da Lei n. 605, de 5 de janeiro de 1949.

Por derradeiro, consignamos que se aplica o disposto no artigo art. 611-A, inc. XI, da CLT, fruto da Reforma Trabalhista, ao doméstico, *verbis*: "A convenção coletiva e o acordo coletivo de trabalho têm prevalência sobre a lei quando, entre outros, dispuserem sobre: (...) XI. Troca do dia de feriado;", haja vista que a CRFB/88, no art. 7º, parágrafo único, estende a esta categoria profissional o reconhecimento das convenções e dos acordos coletivos de trabalho.

4.10. AVISO-PRÉVIO

Vale registrar o conceito do instituto do aviso-prévio, formulado pelo nobre doutrinador e Ministro do TST Mauricio Godinho Delgado. *"Aviso prévio, no Direito do Trabalho, é instituto de natureza multidimensional, que cumpre as funções de declarar à parte contratual adversa a vontade unilateral de um dos sujeitos contratuais no sentido de romper, sem justa causa, o pacto, fixando, ainda, prazo tipificado para a respectiva extinção, com o correspondente pagamento do período do aviso."* Percebe-se, pois, que o aviso-prévio está umbilicalmente ligado à extinção do contrato de emprego por tempo indeterminado, sem a figura da justa causa.

A Constituição da República de 1988 fixou, no art. 7º, inciso XXI, o aviso--prévio proporcional ao tempo de serviço, sendo no mínimo de 30 dias, nos termos da lei. Com a edição da Lei n. 12.506, de 13 de outubro de 2011, o aviso--prévio passou a ter uma variação de 30 a 90 dias, conforme o tempo de serviço prestado ao mesmo empregador. Dessa forma, todos os empregados terão, no mínimo, 30 dias durante o primeiro ano de trabalho, somando a cada ano completo três dias. Nesse sentido, a Nota Técnica n. 184/2012/CGRT/SRT/MTE.

Dessarte, apresentamos a seguinte tabela para o cálculo da duração do aviso-prévio, aplicável também à relação de emprego doméstico:

Tempo de Serviço (anos completos)	Aviso-Prévio Proporcional ao Tempo de Serviços (n. de dias)
0	30
1	33
2	36
3	39
4	42
5	45
6	48
7	51
8	54
9	57
10	60
11	63
12	66
13	69
14	72
15	75
16	78
17	81
18	84
19	87
20	90

Nesse diapasão, também as regras previstas nos arts. 23 e 24, da LC n. 150/2017, *in verbis*:

Art. 23. Não havendo prazo estipulado no contrato, a parte que, sem justo motivo, quiser rescindi-lo deverá avisar a outra de sua intenção.

§ 1º O aviso prévio será concedido na proporção de 30 (trinta) dias ao empregado que conte com até 1 (um) ano de serviço para o mesmo empregador.

§ 2º Ao aviso prévio previsto neste artigo, devido ao empregado, serão acrescidos 3 (três) dias por ano de serviço prestado para o mesmo empregador, até o máximo de 60 (sessenta) dias, perfazendo um total de até 90 (noventa) dias.

§ 3º A falta de aviso prévio por parte do empregador dá ao empregado o direito aos salários correspondentes ao prazo do aviso, garantida sempre a integração desse período ao seu tempo de serviço.

§ 4º A falta de aviso prévio por parte do empregado dá ao empregador o direito de descontar os salários correspondentes ao prazo respectivo.

§ 5º O valor das horas extraordinárias habituais integra o aviso prévio indenizado.

Art. 24. O horário normal de trabalho do empregado durante o aviso prévio, quando a rescisão tiver sido promovida pelo empregador, será reduzido de 2 (duas) horas diárias, sem prejuízo do salário integral.

Parágrafo único. É facultado ao empregado trabalhar sem a redução das 2 (duas) horas diárias previstas no caput deste artigo, caso em que poderá faltar ao serviço, sem prejuízo do salário integral, por 7 (sete) dias corridos, na hipótese dos §§ 1º e 2º do art. 23.

Assim, verifica-se que, no que tange ao empregado doméstico, o aviso--prévio proporcional ao tempo de serviço, também, **não** será aplicado quando a iniciativa do término do contrato de emprego for do obreiro, isto é, no caso de pedido de demissão. A aplicação da proporcionalidade do aviso-prévio é em prol exclusivamente do trabalhador, inclusive na hipótese do empregado doméstico. A Lei n. 12.506/2011 é bastante clara, ao fixar a proporcionalidade do aviso-prévio como uma vantagem exclusiva dos empregados, o que é ratificado pelo art. 23, § 2º, da LC n. 150/2015.

Urge registrar que, caso o empregado cometa uma justa causa, não há que se falar em concessão de aviso-prévio, pois, quando ocorre a justa causa, o empregador tem de agir com *imediatidade* na punição, sob pena de ficar caracterizado o perdão tácito.

Em caso de culpa recíproca, na rescisão, é devido o valor equivalente à metade do aviso-prévio (Súmula n. 14, do TST). Importante consignar que o aviso-prévio é um direito irrenunciável pelo empregado, conforme a Súmula n. 276, do TST. O aviso-prévio indenizado tem os mesmos efeitos do aviso--prévio trabalhado, conforme preconiza a OJ n. 82, da SBDI-I, do TST.

Caso o empregador doméstico deixe de conceder o aviso-prévio, terá que pagar ao empregado doméstico o valor correspondente ao período do aviso-prévio, que, conforme acima mencionado, pode variar de 30 a 90 dias. Importante registrar que esse prazo integrará o contrato de trabalho para todos os efeitos, isto é, será mais 1/12, 2/12 ou 3/12 de férias, de 13º salário etc., dependendo da duração do aviso-prévio (§ 3º, do art. 23, da LC n. 150/2015). Sendo o empregado doméstico o infrator, ou seja, não concedendo ao empregador doméstico o aviso-prévio, este poderá descontar o valor de um salário do empregado (30 dias), no momento de pagar as verbas trabalhistas (§ 4º, do art. 23, da LC n. 150/2015).

Registramos que a parte que concedeu o aviso prévio à outra pode, no prazo do aviso, reconsiderar o seu ato, mas cabe agora à outra parte, ou seja, a que foi avisada aceitar ou não a reconsideração. Caso seja aceita a reconsideração, é como se o aviso não tivesse existido.

De acordo com o art. 24, da LC n. 150/2015, se o aviso-prévio for concedido *pelo empregador*, o empregado poderá escolher entre uma das seguintes hipóteses: 1) diminuição diária de 2 (duas) horas na jornada (que pode ocorrer no início ou no final do expediente); ou 2) faltar 7 (sete) dias corridos. Caso o empregado opte pela primeira hipótese, qual seja, a redução da jornada, entendemos que terá assegurado esse direito, independentemente, da duração da jornada de trabalho, para qual tenha sido contratado.

Segundo entendimento sumulado do TST, é ilegal substituir o período que se reduz da jornada de trabalho no aviso-prévio pelo pagamento das horas correspondentes (Súmula n. 230), uma vez que o desiderato deste é possibilitar a procura de nova colocação.

A lei não declina qual o termo inicial para a contagem do aviso-prévio, porém o Col. TST preconiza que "Aplica-se a regra prevista no *caput* do art. 132 do Código Civil de 2002 à contagem do prazo do aviso prévio, excluindo-se o dia do começo e incluindo o do vencimento." (Súmula n. 380)

Fruto da Reforma Trabalhista, o art. 611-B, XVI, da CLT, disciplina que "Constituem objeto ilícito de convenção coletiva ou de acordo coletivo de trabalho, exclusivamente, a supressão ou a redução dos seguintes direitos: XVI — aviso prévio proporcional ao tempo de serviço, sendo no mínimo de trinta dias, nos termos da lei;".

4.11. JORNADA DE 8 HORAS E MÓDULO SEMANAL DE TRABALHO DE 44 HORAS

O instituto da jornada de trabalho pode ser conceituado, como o número de horas de trabalho que o empregado presta ao empregador por dia. A palavra jornada, etimologicamente, significa "dia", logo redundante falar "jornada diária" de trabalho. Como também não existe, tecnicamente, jornada semanal, quinzenal ou mensal, sugerimos o uso do vocábulo módulo: módulo semanal, módulo quinzenal etc.

Urge distinguir jornada de horário de trabalho. Horário de trabalho é termo inicial e o final de uma jornada, ou seja, das 8h às 12h e das 14h às 18h. Já a jornada significa o número de horas trabalhado em um dia.

De acordo com o art. 2º, da Lei Complementar n. 150/2015, "A duração normal do trabalho doméstico não excederá 8 (oito) horas diárias e 44 (quarenta e quatro) semanais, observado o disposto nesta Lei." O módulo mensal, para o empregado sujeito à jornada de 8 horas de trabalho, é de 220 horas (art. 2º, § 2º, da Lei n. 150/2015).

O salário-dia normal do empregado doméstico mensalista, de acordo com o § 3º, do art. 2º, da LC n. 150/2015, será o valor correspondente ao resultado da divisão do salário mensal por 30 (trinta), cujo valor servirá também de base para o pagamento do descanso semanal remunerado e dos feriados laborados.

O § 4º, do art. 2º, da LC n. 150/2015, permitiu a flexibilização de tal jornada, uma vez que admitiu a sua compensação por meio de acordo escrito entre empregado e empregador. Em consonância com o inc. I, do § 5º, do art. 2º, da referida LC, só poderão ser compensadas as horas extraordinárias excedentes da 40ª hora extra mensal, ou seja, as primeiras 40 (quarenta) horas extras laboradas no mês devem ser pagas.

4.11.1. Controle de frequência

Conforme mencionado, o empregado doméstico tem sua jornada de trabalho limitada a 8 (oito) horas e o módulo semanal a 44 horas, e o empregador a obrigação de realizar o controle dessa jornada.

Em caso de realização de horas de trabalho além do limite legal, o empregador terá a obrigação de efetuar o pagamento das horas extras acrescidas de 50% do valor da hora normal. A LC supracitada impõe que o empregador faça os registros das horas de trabalho doméstico por qualquer meio manual, mecânico ou eletrônico, desde que idôneo, pois, caso não apresente os registros numa eventual Reclamação Trabalhista, o juiz, provavelmente, terá como verdadeira a jornada declinada na petição inicial. O raciocínio acima encontra arrimo no art. 12, da LC n. 150/2015, ao dispor que: "É obrigatório o registro do horário de trabalho do empregado doméstico por qualquer meio manual, mecânico ou eletrônico, desde que idôneo".

A redação do artigo supracitado determina que o controle de ponto deve ser realizado de maneira obrigatória. Não há qualquer limitação ou condição para que o controle de ponto seja realizado. Trata-se de norma destinada a todos os empregadores domésticos, **independentemente do número de empregados que possuir**. Dessarte, havendo a obrigatoriedade de realizar o controle de ponto, é do empregador o ônus da prova em relação à jornada de trabalho em uma eventual reclamação trabalhista.

> EMPREGADO DOMÉSTICO — DEVER DE REGISTRO DOCUMENTAL DOS HORÁRIOS TRABALHADOS — LEI COMPLEMENTAR N. 150/2015 I — A Lei Complementar n. 150/2015 instituiu, em seus arts. 12 e 13, o dever de o empregador doméstico registrar os horários de trabalho de seu empregado, bem como o dos períodos de intervalo — ainda que, na esteira do art. 74, § 2º, da Consolidação das Leis do Trabalho, tal registro se faça por simples pré-assinalação. II — No caso vertente, contudo, a parte ré já registrava em cartões de ponto manuais os horários de sua empregada, inclusive com a anotação diária de seu período de intervalo, desde antes do advento da lei complementar. III — Recurso conhecido e não provido (TRT 1ª Região. 5ª Turma. Proc. (RO) 01001074620165010064. Relator Evandro Pereira Valadão Lopes. DOU 12.7.2016)

Vale gizar que a Súmula n. 338, do TST, reza o seguinte:

JORNADA DE TRABALHO. REGISTRO. ÔNUS DA PROVA

I — E ônus do empregador que conta com mais de 10 (dez) empregados o registro da jornada de trabalho na forma do art. 74, § 2º, da CLT. A não-apresentação injustificada dos controles de frequência gera presunção relativa de veracidade da jornada de trabalho, a qual pode ser elidida por prova em contrário.

II — A presunção de veracidade da jornada de trabalho, ainda que prevista em instrumento normativo, pode ser elidida por prova em contrário.

III — Os cartões de ponto que demonstram horários de entrada e saída uniformes são inválidos como meio de prova, invertendo-se o ônus da prova, relativo às horas extras, que passa a ser do empregador, prevalecendo a jornada da inicial se dele não se desincumbir.

A Súmula acima transcrita dispõe que haverá presunção de veracidade da jornada apontada na inicial quando o empregador não apresentar o controle de ponto a que é obrigado realizar.

Ainda sobre Súmula n. 338 do TST, o seu item I preceitua que é ônus do empregador o controle de ponto quando este conta com mais de 10 (dez) obreiros. **Porém, em se tratando de empregador doméstico, a obrigação se impõe mesmo que o empregador possua apenas 1 (um) empregado.**

A invocada Súmula deve ser interpretada conforme a natureza do trabalho doméstico. Nesse diapasão, o entendimento do Judiciário Trabalhista, espelhado na seguinte ementa:

> Com a vênia do entendimento adotado na origem, tem-se que o registro de jornada por parte do empregador doméstico constitui obrigação legal deste no período posterior à vigência da Emenda Constitucional n. 72, de 2013, a qual estendeu aos empregados domésticos o direito ao limite de jornada previsto no art. 7º, XIII, da Constituição Federal. Isso porque, uma vez reconhecida a jornada máxima, diária e semanal, daí decorre o dever legal de documentação do horário de trabalho, o que veio a ser confirmado com a edição da Lei Complementar n. 150/2015, a qual regulamentou os direitos estendidos aos trabalhadores domésticos e dispõe em seu art. 12: Art. 12. É obrigatório o registro do horário de trabalho do empregado doméstico por qualquer meio manual, mecânico ou eletrônico, desde que idôneo. Cumpre registrar que não se trata de aplicação retroativa da referida Lei Complementar, na medida em que a obrigação do registro já advinha da própria EC n. 72/2013, como pressuposto à implementação do direito constitucionalmente garantido aos empregados domésticos. Destaque-se, igualmente, a particular dificuldade de produção da prova da jornada pelo trabalhador doméstico, que, via de regra, tem por testemunhas do labor prestado os próprios familiares do empregador, como afirma a autora em suas razões de recurso. Sob tal ótica, e tendo em vista o princípio protetivo, informador do Direito do Trabalho, ainda menos justificativa há à atribuição irrestrita do ônus probante a essa classe de empregados, assemelhando-se a questão probatória àquela verificada no âmbito do Direito de Família, ensejando a admissão também de prova indiciária e de quaisquer elementos aptos à averiguação da verdade real. Nesse contexto, é da reclamada, portanto, o dever de documentação dos fatos atinentes ao pacto laboral, frente às disposições do art. 818 da CLT e do art. 333, II, do CPC, bem como aos princípios da "aptidão para a prova" e da "pré-constituição da prova.

Portanto, competia à demandada o dever de demonstrar, através dos registros de horário, a frequência e a jornada da reclamante." (TRT-4 — RO: 0001079-88.2013.5.04.0303, Data de Julgamento: 25.5.2015, 9ª Turma, Data de Publicação: 13.8.2015)

4.12. REGIME DE TEMPO PARCIAL

O regime de tempo parcial, para os empregados domésticos, foi instituído pela LC n. 150/2015. De acordo com a CLT (art. 58-A) e com a referida Lei Complementar, considera-se regime de tempo parcial aquele cuja duração não exceda a 25 horas semanais (art. 3º). Tal como já previsto para o empregado urbano e rural, dispõe o § 1º, do art. 3º, da LC n. 150/2015, que "O salário a ser pago ao empregado sob regime de tempo parcial será proporcional a sua jornada, em relação ao empregado que cumpre, nas mesmas funções, tempo integral."

Por exemplo: a) o empregado doméstico sujeito ao regime de tempo integral (44 horas semanais) recebe salário mensal de R$ 2.200,00; o salário hora é de R$ 10,00; b) o empregado em regime de tempo parcial, que tenha jornada de 3 horas (na semana: 3 X 6 dias de trabalho = 18 horas), deverá receber, por dia: R$ 30,00; por mês: R$ 900,00.

De acordo com o § 2º, do art. 3º, da LC n. 150/2015, "A duração normal do trabalho do empregado em regime de tempo parcial poderá ser acrescida de horas suplementares, em número não excedente a 1 (uma) hora diária, mediante acordo escrito entre empregador e empregado, aplicando-se-lhe, ainda, o disposto nos §§ 2º e 3º do art. 2º, com o limite máximo de 6 (seis) horas diárias."

Diante da existência de regra específica, na LC n. 150/2015, acerca do regime de tempo parcial para os domésticos, não se lhes aplicam as diretrizes constantes do art. 58-A, da CLT, neste particular.

4.13. REGIME DE 12H X 36H

A CRFB, a CLT e a LC n. 150/15 fixaram a jornada normal de labor de 8 horas. Não obstante tais previsões, o TST, por meio da Súmula n. 444, admitiu a escala de revezamento que fixa a jornada na modalidade de 12 por 36 horas, desde que estabelecida por convenção coletiva de trabalho ou autorizada por Lei.

A LC n. 150/2015 facultou às partes, mediante acordo escrito, estabelecer horário de trabalho de 12 horas seguidas por 36 horas ininterruptas de descanso, observados ou indenizados os intervalos para repouso e alimentação (art. 10). Dessarte, à luz da LC n. 150/2015, para o regime de labor do empregado doméstico, na escala 12h X 36h, basta o acordo escrito entre as partes, isto é, não se exige previsão em ACT ou CCT. Com a Reforma Trabalhista, a CLT, no art. 59-A, também permite às partes, mediante acordo individual escrito, convenção coletiva ou acordo coletivo de trabalho, a fixação do horário de trabalho de doze horas seguidas por trinta e seis horas ininterruptas de descanso, observados ou indenizados os intervalos para repouso e alimentação.

4.14. FÉRIAS

Segundo o mestre Roberto Barreto Prado, as férias são "o período de tempo, em cada ano, durante o qual o empregado interrompe a prestação de seu trabalho sem prejuízo de sua remuneração." As férias têm natureza jurídica dúplice, tanto sob o prisma do empregador como sob o prisma do empregado. Para o empregador, geram uma obrigação de fazer, qual seja, consentir o afastamento do empregado para gozá-las e uma obrigação de dar, consistente no pagamento da remuneração do período. Sob o ângulo do trabalhador, são um direito, na medida em que pode exigir o cumprimento das obrigações do empregador, a que nos referimos, mas são também uma obrigação, uma vez que o empregado deverá se abster de trabalhar durante o período.

O direito às férias está contido no art. 7º, XVII, da CRFB, como um dos direitos sociais dos trabalhadores com vínculo empregatício permanente (urbanos, rurais e domésticos) e dos trabalhadores avulsos. O direito a férias é irrenunciável e, portanto, o objetivo principal será a sua fruição efetiva.

Prescreve o art. 17, da LC n. 150/2015, que: "O empregado doméstico terá direito a férias anuais remuneradas de 30 (trinta) dias, salvo o disposto no § 3º do art. 3º, com acréscimo de, pelo menos, um terço do salário normal, após cada período de 12 (doze) meses de trabalho prestado à mesma pessoa ou família." A duração das férias depende da modalidade de contrato de emprego, se de tempo integral ou de tempo parcial. Corroborando tal assertiva o § 3º, do art. 3º, da LC n. 150/2015, preceitua que:

> Na modalidade do regime de tempo parcial, após cada período de 12 (doze) meses de vigência do contrato de trabalho, o empregado terá direito a férias, na seguinte proporção:
>
> I — 18 (dezoito) dias, para a duração do trabalho semanal superior a 22 (vinte e duas) horas, até 25 (vinte e cinco) horas;
>
> II — 16 (dezesseis) dias, para a duração do trabalho semanal superior a 20 (vinte) horas, até 22 (vinte e duas) horas;
>
> III — 14 (quatorze) dias, para a duração do trabalho semanal superior a 15 (quinze) horas, até 20 (vinte) horas;

IV — 12 (doze) dias, para a duração do trabalho semanal superior a 10 (dez) horas, até 15 (quinze) horas;

V — 10 (dez) dias, para a duração do trabalho semanal superior a 5 (cinco) horas, até 10 (dez) horas;

VI — 8 (oito) dias, para a duração do trabalho semanal igual ou inferior a 5 (cinco) horas.

O empregado doméstico tem direito ao recebimento de férias proporcionais (exceto na hipótese de justa causa), pois, pacificando entendimento claudicante da jurisprudência e da doutrina, o § 1º, do art. 17, da LC n. 150/2015, estabelece que:

> § 1º Na cessação do contrato de trabalho, o empregado, desde que não tenha sido demitido por justa causa, terá direito à remuneração relativa ao período incompleto de férias, na proporção de um doze avos por mês de serviço ou fração superior a 14 (quatorze) dias.

De acordo com o art. 19, da LC n. 150/2015, observadas as peculiaridades do trabalho doméstico, a ele também se aplica, subsidiariamente, a Consolidação das Leis do Trabalho (CLT), assim entendemos lhe ser devido o pagamento de férias em dobro (nos casos previstos nos arts. 137 e 145, ambos da CLT, e na Súmula n. 450, do TST).

Vale registrar que, segundo a Súmula n. 81, do TST, caso 20 dias sejam gozados dentro do período concessivo e 10 tenham ficado fora de tal período, somente os dez dias serão pagos em dobro. Em conformidade com o disposto no § 3º, do art. 17, da LC n. 150/2015, "É facultado ao empregado doméstico converter um terço do período de férias a que tiver direito em abono pecuniário, no valor da remuneração que lhe seria devida nos dias correspondentes", porém vale observar que, diferentemente do previsto na CLT (§ 1º, do art. 143), este requerimento deverá ocorrer até "30 (trinta) dias antes do término do período aquisitivo". Afirma-se isso, porquanto o art. 143, § 1º, da CLT, faculta ao empregado converter 1/3 (um terço) do período de férias a que tiver direito em abono pecuniário, no valor da remuneração que lhe seria devida nos dias correspondentes, desde que o requeira até 15 (quinze) dias antes do término do período aquisitivo." Ocorrendo a conversão do período de 1/3 das férias em abono, os dias "vendidos" não serão pagos, acrescidos de 1/3, mas, sim, observando a remuneração normal. Nesse sentido, o entendimento do TST, *verbis*:

> **RECURSO DE REVISTA. FÉRIAS. CÁLCULO DO ABONO PECUNIÁRIO.** O empregado que converte 10 dias de férias em pecúnia, nos moldes do art. 143 da CLT, faz jus ao pagamento do valor correspondente a 30 dias de férias (salário + 1/3), além da remuneração **normal** dos 10 dias trabalhados. O equívoco da decisão regional está em aplicar o acréscimo de 1/3 também na remuneração dos dias trabalhados, procedimento que não se coaduna com a legislação aplicável. Precedentes. Recurso de revista de que se conhece e a que se dá provimento. (VALDIR FLORINDO Desembargador Convocado Relator. 7ª Turma TST.RR 102-98.2011.5.07.0007).

RECURSO DE EMBARGOS INTERPOSTO NA VIGÊNCIA DA LEI N. 11.496/2007. FÉRIAS. ACRÉSCIMO DE 1/3 SOBRE O ABONO PECUNIÁRIO. INTERPRETAÇÃO DO ART. 143 DA CLT. A Colenda Turma decidiu que o abono pecuniário não deve sofrer o reflexo do terço constitucional, que compõe a remuneração das férias, pois há de equivaler à remuneração do trabalho nos dez dias a que de fato corresponde. Em rigor, o art. 143 da CLT comporta interpretação — a um só tempo sistemática e histórica — na direção de não permitir que a vontade constitucional eleve, por via oblíqua, o valor do abono pecuniário, quando em verdade a intenção do constituinte fora a de evitar que o abono pecuniário fosse necessário para o empregado financiar o seu lazer em meio às férias. Acresceu à remuneração das férias o valor equivalente ao antigo abono, mas o abono subsistiu na ordem jurídica infraconstitucional. *Prevalece, por conseguinte, o entendimento sufragado pelo acórdão turmário, qual seja, o de que o abono pecuniário previsto no art. 143 da CLT deve equivaler à remuneração do trabalho nos dias a que ele corresponde, sem o acréscimo ou o reflexo de 1/3 que incide sobre a remuneração de todo o período de férias (inclusive sobre os dias de férias convertidos em pecúnia).* Embargos conhecidos e não providos. (Processo: E-RR-585800-56.2007.5.12.0026 Data de Julgamento: 16.2.2012, Relator Ministro: Augusto César Leite de Carvalho, Subseção I Especializada em Dissídios Individuais, Data de Publicação: DEJT 2.3.2012 — grifo nosso)

Estando concluso o período aquisitivo, inicia-se um prazo de doze meses para que o empregador conceda a fruição das férias a seu empregado (§ 6º, do art. 17, da LC n. 150/2015). Tal período é chamado de período concessivo, sendo prerrogativa do empregador a determinação do período em que o empregado gozará as férias (arts. 134 e 136, da CLT c/c art. 19, *in fine*, da LC n. 150/2015). Justifica-se a determinação legal, porquanto o empregador é o detentor do poder diretivo, dessarte apenas ele poderá saber qual a época mais propícia à concessão.

Ressalte-se que, de acordo com o § 5º, do art. 17, da LC n. 150/2015, é lícito ao empregado que reside no local de trabalho nele permanecer durante as férias. Dita previsão é uma inovação legislativa.

As férias poderão, a critério do empregador doméstico, serem usufruídas pelo empregado em dois períodos. No entanto, à luz do § 2º, do art. 17, da LC n. 150/2015, sendo 1 (um) deles de, no mínimo, 14 (quatorze) dias corridos. Não se aplica, pois, aos domésticos a possibilidade de as férias serem usufruídas em até três períodos, como plasmado no § 1º, do art. 134, da CLT, cuja redação é a seguinte: "desde que haja concordância do empregado, as férias poderão ser usufruídas em até três períodos, sendo que um deles não poderá ser inferior a quatorze dias corridos e os demais não poderão ser inferiores a cinco dias corridos, cada um."

Segundo o art. 149, primeira parte, da CLT, também aplicável subsidiariamente, ao empregado doméstico, por força do art. 19, *in fine*, da LC n. 150/2015, durante a vigência do pacto laboral, a prescrição da pretensão do direito ao gozo e ao recebimento das férias conta-se somente a partir do término do período concessivo.

Ocorrendo a terminação do contrato, de acordo com o art. 7º, inc. XXIX, alínea a, da CRFB/88, c/c art. 43, *in fine*, da LC n. 150/2015, a prescrição da pretensão do direito ao recebimento das férias opera-se em 2 (dois) anos.

4.15. LICENÇA-MATERNIDADE E ESTABILIDADE DA GESTANTE E DO ADOTANTE

Prescreve o inciso XVIII, do art. 7º, da Constituição da República, que as empregadas têm direito à licença-maternidade de 120 (cento e vinte) dias, sem prejuízo do emprego e do salário. A empregada doméstica conta com esse direito, pois está previsto no art. 7º, parágrafo único, da Constituição da República. Nesse sentido, atualmente, *também o disposto no art. 25, da LC n. 150/2015. Verbis:*

> Art. 25. A empregada doméstica gestante tem direito a licença-maternidade de 120 (cento e vinte) dias, sem prejuízo do emprego e do salário, nos termos da Seção V do Capítulo III do Título III da Consolidação das Leis do Trabalho (CLT), aprovada pelo Decreto-Lei n. 5.452, de 1º de maio de 1943.

De acordo com o art. 25, da LC n. 150/2015, acima transcrito, no que tange à licença-maternidade, aplicam-se ao emprego doméstico as regras da CLT, quais sejam:

a) à empregada ou ao empregado doméstico que adotar ou obtiver guarda judicial para fins de adoção de criança ou adolescente será concedida licença-maternidade de 120 dias (art. 392-A, CLT).

b) "Em caso de morte da genitora, é assegurado ao cônjuge ou companheiro empregado o gozo de licença por todo o período da licença-maternidade ou pelo tempo restante a que teria direito a mãe, exceto no caso de falecimento do filho ou de seu abandono." (art. 392-B, CLT).

Ainda invocando o disposto no art. 25, destacamos que a(o) empregada(o) que tiver filho acometido por sequelas neurológicas de doenças transmitidas pelo A*edes aegypti* fará jus à licença-maternidade de 180 dias, conforme dispõe o art. 18, § 3º, da Lei n. 13.301/2016. *Verbis:*

> Art. 18. (...)
>
> § 3º A licença-maternidade prevista no art. 392 da Consolidação das Leis do Trabalho — CLT, aprovada pelo Decreto-Lei n. 5.452, de 1º de maio de 1943, será de cento e oitenta dias no caso das mães de crianças acometidas por sequelas neurológicas decorrentes de doenças transmitidas pelo *Aedes aegypti*, assegurado, nesse período, o recebimento de salário-maternidade previsto no art. 71 da Lei n. 8.213, de 24 de julho de 1991.

Quem pagará o auxílio-maternidade à empregada ou ao empregado doméstico é a Previdência Social e este corresponderá ao valor do último salário de contribuição, à luz do art. 73, inc. I, da Lei n. 8.213/91, *in verbis*:

Art. 73. Assegurado o valor de um salário-mínimo, o salário-maternidade para as demais seguradas, pago diretamente pela Previdência Social, consistirá:

I — em um valor correspondente ao do seu último salário de contribuição, para a segurada empregada doméstica;

II — em um doze avos do valor sobre o qual incidiu sua última contribuição anual, para a segurada especial;

III — em um doze avos da soma dos doze últimos salários de contribuição, apurados em um período não superior a quinze meses, para as demais seguradas.

Para evitar que a Previdência conceda licença-maternidade em duplicidade, ou seja, para os dois membros adotantes (casal homoafetivo), o art. 71-A, *caput*, e § 2º, da Lei n. 8.213/91, preconiza que:

Art. 71-A. Ao segurado ou segurada da Previdência Social que adotar ou obtiver guarda judicial para fins de adoção de criança é devido salário-maternidade pelo período de 120 (cento e vinte) dias.

§ 2º Ressalvado o pagamento do salário-maternidade à mãe biológica e o disposto no art. 71-B, não poderá ser concedido o benefício a mais de um segurado, decorrente do mesmo processo de adoção ou guarda, ainda que os cônjuges ou companheiros estejam submetidos a Regime Próprio de Previdência Social.

As empregadas domésticas têm direito à estabilidade, desde a confirmação da gravidez até 5 (cinco) meses após o parto, ainda que a gravidez ocorra no período de vigência de contrato de experiência (Súmula n. 244, item III, do TST) ou no aviso-prévio trabalhado ou indenizado (parágrafo único, do art. 25, da LC n. 150/2015).

Tem também direito à estabilidade o empregado doméstico ou a empregada doméstica ao qual tenha sido concedida guarda provisória para fins de adoção (art. 391-A, parágrafo único, CLT).

De acordo com o art. 26, inc. VI, da Lei n. 8.213/91, não se exige carência, para a concessão do salário-maternidade, para as domésticas, desde que tenha ocorrido, pelo menos, um recolhimento em dia, à luz do art. 27, inc. II, da lei supracitada, *in verbis:*

Art. 26. Independe de carência a concessão das seguintes prestações:

VI — salário-maternidade para as seguradas empregada, trabalhadora avulsa e empregada doméstica.

Art. 27. Para cômputo do período de carência, serão consideradas as contribuições:

I — referentes ao período a partir da data de filiação ao Regime Geral de Previdência Social (RGPS), no caso dos segurados empregados, inclusive os domésticos, e dos trabalhadores avulsos;

II — realizadas a contar da data de efetivo pagamento da primeira contribuição sem atraso, não sendo consideradas para este fim as contribuições recolhidas com atraso referentes a competências anteriores, no caso dos segurados contribuinte individual, especial e facultativo, referidos, respectivamente, nos incisos V e VII do art. 11 e no art. 13.

Por derradeiro, imprescindível registrar que a doméstica só fará jus ao recebimento da licença-maternidade, após a 23ª semana de gestação. No caso de natimorto, o benefício será também devido, desde que ocorrido a partir da 23ª semana de gestação.

4.16. LICENÇA-PATERNIDADE

O empregado doméstico, a partir da CRFB/88, passou a ter direito à licença-paternidade, de 5 (cinco) dias consecutivos, contados a partir do nascimento, como se observa do art. 7º, inc. XIX. Impende trazer a registro que apenas possui direito o pai biológico, estando excluído o pai adotivo. É preciso que haja uma mudança legislativa, para estender esse direito ao pai adotivo. É o empregador quem arca com este pagamento, não havendo compensação de natureza previdenciária.

4.17. SEGURO CONTRA ACIDENTE DE TRABALHO

A EC n. 72/2013 assegurou aos domésticos o Seguro contra Acidente de Trabalho (SAT), conforme art. 7º, inc. XXVIII, da CRFB/88. Esse direito, porém, só foi regulamentado pela LC n. 150/2015, como se observa da redação do art. 34, inc. III, abaixo transcrito:

> Art. 34. O Simples Doméstico assegurará o recolhimento mensal, mediante documento único de arrecadação, dos seguintes valores:
>
> III — 0,8% (oito décimos por cento) de contribuição social para financiamento do seguro contra acidentes do trabalho;
>
> § 1º As contribuições, os depósitos e o imposto arrolados nos incisos I a VI incidem sobre a remuneração paga ou devida no mês anterior, a cada empregado, incluída na remuneração a gratificação de Natal a que se refere a Lei n. 4.090, de 13 de julho de 1962, e a Lei n. 4.749, de 12 de agosto de 1965.
>
> § 2º A contribuição e o imposto previstos nos incisos I e VI do *caput* deste artigo serão descontados da remuneração do empregado pelo empregador, que é responsável por seu recolhimento.

Pelo fio do exposto, o recolhimento da contribuição, para o financiamento do seguro em tela, só passou a ser devido, após a LC n. 150/2015.

Em se tratando de acidente de trabalho, o benefício previdenciário não exige carência. Por sua vez, em se tratando de auxílio-doença, exige-se carência de 12 (doze) meses. Respectivamente, arts. 61 e 25, I, da Lei n. 8.213/91.

A advocacia trabalhista nos permite perceber um caso deveras complexo, em decorrência de lacuna na lei. Trata-se da hipótese em que o empregado fica doente e não consegue laborar, mas que ainda não cumpriu o período de carência de 12 (doze) meses. Nesse caso, nem o empregador (exceto quando houver previsão em instrumento normativo), nem a Previdência têm o dever legal de pagar os salários, a partir do 16º dia do afastamento.

4.18. VALE-TRANSPORTE

O vale-transporte, instituído pela Lei n. 7.418/85, não era direito do empregado doméstico. No entanto, tal direito foi estendido a esta categoria profissional por força do Decreto n. 95.247 (art. 1º, II). O vale-transporte poderá, para o empregado doméstico, por inovação da LC n. 150/2015, ser fornecido em dinheiro, conforme dispõe o parágrafo único, do art. 19, *verbis*:

> Parágrafo único. A obrigação prevista no art. 4º da Lei n. 7.418, de 16 de dezembro de 1985, poderá ser substituída, a critério do empregador, pela concessão, mediante recibo, dos valores para a aquisição das passagens necessárias ao custeio das despesas decorrentes do deslocamento residência-trabalho e vice-versa.

O empregador doméstico poderá descontar do empregado até 6% (seis por cento) do salário, em virtude da concessão do vale-transporte. Necessário registrar que o valor excedente a 6% ficará a cargo do empregador, conforme disciplina a Lei n. 7.418/85, art. 4º, parágrafo único. O vale-transporte é um benefício que o empregador antecipará ao empregado para utilização efetiva em despesas de deslocamento residência-trabalho e vice-versa. Entendemos ser aplicável ao contrato de trabalho doméstico a diretriz constante da Súmula n. 460, do TST, *verbis*: "É do empregador o ônus de comprovar que o empregado não satisfaz os requisitos indispensáveis para a concessão do vale-transporte ou não pretenda fazer uso do benefício."

4.19. FUNDO DE GARANTIA DO TEMPO DE SERVIÇO (FGTS)

Como registrado no Capítulo 1º, só a partir da EC n. 72/2013, o FGTS passou a ser obrigatório para os empregados domésticos, pois a legislação anterior colocava o FGTS como uma faculdade para o empregador doméstico. Mister, no entanto, consignar que só com a LC n. 150/2015 houve a determinação para o empregador doméstico inscrever o empregado e efetuar o recolhimento do FGTS, o que dependia, ainda, de regulamento do Conselho Curador e do agente operador do FGTS, para que, de fato, tornasse obrigatório, conforme art. 21 e respectivo parágrafo, da LC n. 150/2015, *verbis*:

> Art. 21. É devida a inclusão do empregado doméstico no Fundo de Garantia do Tempo de Serviço (FGTS), na forma do regulamento a ser editado pelo Conselho Curador e pelo agente operador do FGTS, no âmbito de suas competências, conforme disposto nos arts. 5º e 7º da Lei n. 8.036, de 11 de maio de 1990, inclusive no que tange aos aspectos técnicos de depósitos, saques, devolução de valores e emissão de extratos, entre outros determinados na forma da lei.

Parágrafo único. O empregador doméstico somente passará a ter obrigação de promover a inscrição e de efetuar os recolhimentos referentes a seu empregado após a entrada em vigor do regulamento referido no *caput*.

Os depósitos do FGTS, para o empregado doméstico, no valor mensal de 8% (oito por cento) tornaram-se obrigatórios a partir de 1º.10.2015 (art. 1º, da Resolução n. 780, de 24.9.2015, do Conselho Curador do FGTS; da Circular da Caixa Econômica Federal n. 694, de 25.9.2015 e da Portaria Interministerial n. 822/2015). A Resolução n. 780, de 24.6.2015, do Conselho Curador do FGTS, referendada pela Resolução n. 782/15, regulamenta a inclusão do empregado doméstico no FGTS, da seguinte forma:

Art. 1º O empregado doméstico, definido nos termos da Lei Complementar n. 150, de 1º de junho de 2015, terá direito ao regime do FGTS, obrigatoriamente, a partir de 1º de outubro de 2015.

§ 1º O empregador deverá solicitar a inclusão do empregado doméstico no FGTS, mediante requerimento, que consistirá na informação dos eventos decorrentes da respectiva atividade laboral, na forma definida pelo Agente Operador do FGTS.

§ 2º O Agente Operador do FGTS, observada a data definida no *caput* e a peculiaridade dos empregadores e empregados domésticos, deverá regulamentar as devidas disposições complementares, de modo a viabilizar o depósito, os saques, a devolução de valores e a emissão de extratos, entre outros determinados na forma da lei, inclusive no que tange às relações de trabalho existentes a partir de março de 2000.

Art. 2º Esta Resolução entra em vigor na data de sua publicação.

É do empregador o ônus da prova em relação à regularidade dos depósitos do FGTS, pois o pagamento é fato extintivo do direito do autor, nos termos da Súmula n. 461, do TST.

4.19.1. Indenização do FGTS

O empregador doméstico depositará também a importância de 3,2% (três vírgula dois por cento) sobre a remuneração devida, no mês anterior, a cada empregado, destinada ao pagamento da indenização compensatória da perda do emprego, sem justa causa ou por culpa do empregador (art. 22, LC n. 150/15).

Ocorrendo terminação do contrato de emprego por culpa recíproca, metade dos valores depositados, a título de indenização compensatória, será movimentada pelo empregado, enquanto a outra metade será movimentada pelo empregador (§ 2º, art. 22, LC n. 150/2015).

Valendo registrar que, na hipótese de distrato, a indenização também será de 20% (art. 484-A, I, *b*, CLT).

4.20. SEGURO-DESEMPREGO

O programa do seguro-desemprego, criado pela Lei n. 7.998/90, tem dupla finalidade:

1) prover assistência financeira temporária ao desempregado em virtude de dispensa sem justa causa, ao pescador artesanal no período do defeso e ao trabalhador comprovadamente resgato de regime de trabalho forçado ou da condição análoga à de escravo;

2) auxiliar o trabalhador na busca ou na preservação do emprego, promovendo, para tanto, ações integradas de orientação, recolocação e qualificação profissional.

De acordo com a Lei n. 7.998/1990, o empregado doméstico que for dispensado sem justa causa fará jus ao benefício do seguro-desemprego, no valor de 1(um) salário mínimo, por período máximo de 3 meses, de forma contínua ou alternada.

Para se habilitar ao benefício do seguro-desemprego, o empregado doméstico deverá apresentar ao órgão competente do Ministério do Trabalho e Emprego, a Carteira de Trabalho e Previdência Social (CTPS), na qual deverá constar a anotação do contrato de emprego doméstico e a data de dispensa de modo a comprovar o vínculo empregatício durante pelo menos 15 meses nos últimos 24 meses, o termo de rescisão do contrato de trabalho (TRCT), a declaração de que não está em gozo de benefício de prestação continuada da Previdência Social (INSS), exceto auxílio-acidente e pensão por morte, e a declaração de que não possui renda própria de qualquer natureza suficiente à sua manutenção e de sua família (art. 28, LC n. 150/15).

O empregado doméstico, diferentemente do urbano e do rural, deverá requerer o benefício de 7 (sete) dias a 90 (noventa) dias contados da data de dispensa (art. 29, LC n. 150/15). O urbano e o rural possuem de 7 a 120 dias, contados da dispensa sem justa causa, para requererem este benefício.

Conforme exposto, caso preenchidos os requisitos legais, os empregados domésticos terão direito ao seguro desemprego de, no máximo, 3 (três) parcelas mensais, equivalentes a um salário mínimo cada uma delas, na forma do art. 26, da LC n. 150/2015, *ipsis litteris*: "Art. 26.O empregado doméstico que for dispensado sem justa causa fará jus ao benefício do seguro-desemprego, na forma da Lei n. 7.998, de 11 de janeiro de 1990, no valor de 1 (um) salário mínimo, por período máximo de 3 (três) meses, de forma contínua ou alternada".

4.21. INTERVALOS INTRAJORNADA E INTERJORNADA

Intervalo interjornada é a pausa concedida ao empregado entre o fim de uma jornada de trabalho e o início da outra jornada, para descanso do obreiro.

O art. 15, da LC n. 150/15, assegura ao empregado doméstico o intervalo interjornada de, no mínimo, 11 (onze) horas consecutivas. Entendemos ser aplicável também à relação de emprego doméstico o disposto na OJ n. 355, da SDBI-I, do TST, preconizando que as horas que forem subtraídas do intervalo interjornada serão pagas como horas extras. Veja-se o inteiro teor da referida OJ: "INTERVALO INTERJORNADAS. INOBSERVÂNCIA. HORAS EXTRAS. PERÍODO PAGO COMO SOBREJORNADA. ART. 66 DA CLT. APLICAÇÃO ANALÓGICA DO § 4º DO ART. 71 DA CLT (DJ 14.3.2008) O desrespeito ao intervalo mínimo interjornada previsto no art. 66 da CLT acarreta, por analogia, os mesmos efeitos previstos no § 4º do art. 71 da CLT e na Súmula n. 110 do TST, devendo-se pagar a integralidade das horas que foram subtraídas do intervalo, acrescidas do respectivo adicional."

Intervalo intrajornada são as pausas que ocorrem dentro da jornada de trabalho, objetivando o repouso e alimentação do obreiro. O intervalo, para repouso e alimentação, previsto na LC n. 150/15, é o seguinte: quando a jornada exceder de 6 horas, torna-se obrigatória a concessão de um intervalo para repouso e alimentação de, no mínimo, 1 hora e, no máximo, 2 horas, admitindo-se, mediante prévio acordo escrito entre empregador e empregado, sua redução a 30 minutos (art. 13).

Vale registrar que, na hipótese de o empregado doméstico residir no local de trabalho, "o período de intervalo poderá ser desmembrado em 2 (dois) períodos, desde que cada um deles tenha, no mínimo, 1 (uma) hora, até o limite de 4 (quatro) horas ao dia" (§ 1º, do art. 13, LC n. 150/2015). Nesta hipótese, a situação terá de ser anotada no registro diário de horário, vedada sua prenotação (§ 2º, art. 13).

Esses intervalos não são computados na jornada de trabalho e, como visam à proteção da saúde do trabalhador, não podem ser objeto de livre disposição, ou seja, mesmo que o empregado doméstico deseje suprimir o descanso, é dever do empregador concedê-lo e, se porventura não o fizer, correrá o risco de, no futuro, ser acionado judicialmente e obrigado a pagar o período escamoteado como horas extras (§ 4º, art. 71, da CLT, c/c parágrafo único, do art. 19, *caput, in fine*, LC n. 150/15). Com a Reforma Trabalhista, que deu nova redação ao § 4º, do art. 71, da CLT, entendemos que a Súmula n. 437, do TST, deverá ser cancelada, pois disciplina que a não-concessão ou a concessão parcial do intervalo intrajornada mínimo, para repouso e alimentação, a empregados urbanos e rurais, implica o pagamento total do período correspondente, e não apenas daquele suprimido (que é a regra agora), com acréscimo de, no mínimo, 50% sobre o valor da remuneração da hora normal de trabalho (art. 71 da CLT), sem prejuízo do cômputo da efetiva jornada de labor para efeito de remuneração. Além do mais, preconiza a súmula acima que *possui natureza salarial a parcela prevista no art. 71, § 4º, da CLT, quando não concedido ou reduzido pelo empregador o intervalo mínimo intrajornada para repouso e alimentação, repercutindo, assim, no cálculo de outras parcelas salariais. Com a nova redação do § 4º, do art. 71, da CLT, não persiste a natureza salarial, mas, sim, indenizatória.*

Pensamos ser aplicável também à empregada doméstica o intervalo intrajornada previsto no art. 396, da CLT, *verbis*:

> Art. 396. Para amamentar seu filho, inclusive se advindo de adoção, até que este complete 6 (seis) meses de idade, a mulher terá direito, durante a jornada de trabalho, a 2 (dois) descansos especiais de meia hora cada um. *(Redação dada pela Lei n. 13.509, de 2017)*

A Reforma Trabalhista acrescentou dois parágrafos ao artigo supracitado, que entendemos serem aplicáveis aos domésticos, *verbis*:

> § 1º Quando o exigir a saúde do filho, o período de 6 (seis) meses poderá ser dilatado, a critério da autoridade competente.
>
> § 2º Os horários dos descansos previstos no *caput* deste artigo deverão ser definidos em acordo individual entre a mulher e o empregador.

4.22. SALÁRIO-FAMÍLIA

Os empregados domésticos passaram a ter direito ao salário-família a partir de outubro de 2015, quando foi regulamentada a LC n. 150/2015 neste particular. Antes o doméstico não tinha direito a este benefício da Previdência Social.

O salário-família é um benefício pago pela Previdência Social aos trabalhadores que possuem filhos dependentes menores de 14 (catorze) anos ou inválidos. Além de possuir filho menor de 14 anos ou inválido, o empregado doméstico também tem de vencer salário igual ou inferior a R$ 1.319,18 para ter direito ao salário-família de 2018. O valor é pago por dependente.

O salário-família é pago juntamente com o salário e deve ser demonstrado no contracheque. Na prática, trata-se de um repasse, pois o empregador doméstico terá o valor pago restituído no momento em que fizer os recolhimentos por meio do e-social.

A Portaria MF n. 15, de 16.1.2018, estabeleceu novos valores para o salário-família a ser pago a partir de mês de janeiro de 2018, *verbis*:

> Art. 4º O valor da cota do salário-família por filho ou equiparado de qualquer condição, até 14 (quatorze) anos de idade, ou inválido de qualquer idade, a partir de 1º de janeiro de 2018, é de:
>
> I — R$ 45,00 (quarenta e cinco reais) para o segurado com remuneração mensal não superior a R$ 877,67 (oitocentos e setenta e sete reais e sessenta e sete centavos);
>
> II — R$ 31,71 (trinta e um reais e setenta e um centavos) para o segurado com remuneração mensal superior a R$ 877,67 (oitocentos e setenta e sete reais e sessenta e sete centavos) e igual ou inferior a R$ 1.319,18 (um mil trezentos e dezenove reais e dezoito centavos).
>
> Disponível em: <http://normas.receita.fazenda.gov.br/sijut2consulta/anexoOutros.action?idArquivoBinario=0>

§ 1º Para fins do disposto neste artigo, considera-se remuneração mensal do segurado o valor total do respectivo salário de contribuição, ainda que resultante da soma dos salários-de-contribuição correspondentes a atividades simultâneas.

Disponível em: <http://normas.receita.fazenda.gov.br/sijut2consulta/anexoOutros.action?idArquivoBinario=0>

§ 2º O direito à cota do salário-família é definido em razão da remuneração que seria devida ao empregado no mês, independentemente do número de dias efetivamente trabalhados.

Disponível em: <http://normas.receita.fazenda.gov.br/sijut2consulta/anexoOutros.action?idArquivoBinario=0>

§ 3º Todas as importâncias que integram o salário-de-contribuição serão consideradas como parte integrante da remuneração do mês, exceto o décimo terceiro salário e o adicional de férias previsto no inciso XVII do art. 7º da Constituição, para efeito de definição do direito à cota do salário-família.

Disponível em: <http://normas.receita.fazenda.gov.br/sijut2consulta/anexoOutros.action?idArquivoBinario=0>

§ 4º A cota do salário-família é devida proporcionalmente aos dias trabalhados nos meses de admissão e demissão do empregado.

4.23. MULTA PREVISTA NO ART. 477, § 8º, DA CLT

A Consolidação das Leis Trabalhistas (CLT), em seu art. 477, § 6º, registra o prazo para o empregador pagar as verbas rescisórias ao empregado. Caso esse prazo não seja respeitado, a sanção está prevista no art. 477, § 8º, da CLT, qual seja: o empregador tem de pagar ao empregado uma multa correspondente ao valor de um salário deste.

Atualmente, com o advento da LC n. 150/2015, comungamos o entendimento de que o empregado doméstico possui direito ao recebimento da multa prevista no art. 477, § 8º, da CLT, quando desrespeitado o prazo constante do art. 477, § 6º, uma vez que o art. 19, da supracitada LC admite a aplicação subsidiária da CLT. Não vislumbramos incompatibilidade entre o disposto nos dispositivos legais acima. Se o empregador tem prazo para quitar as verbas resilitórias e não o faz, deve pagar a multa, pois entendimento contrário beneficiaria o empregador doméstico que descumpre a lei, o que não pode ter a chancela do ordenamento jurídico.

O ministro do TST, professor Mauricio Godinho Delgado, também, posiciona-se pela aplicabilidade do art. 477, § 8º, da CLT, ao doméstico. Em sentido contrário, posiciona-se a doutrina da professora e desembargadora do TRT da 1ª Região, Vólia Bomfim Cassar, *in verbis*: *"Assim, não foram estendidos ao doméstico, por exemplo: a penalidade prevista no art. 477, § 8º, da CLT, por se tratar de penalidade (...)"*

Na jurisprudência, há acirrada divergência neste particular. Negam a multa do art. 477, § 8º, da CLT, ao doméstico, as ementas a seguir, respectivamente, do TRT da 18ª, da 19ª e da 4ª Regiões, *verbis*:

EMPREGADO DOMÉSTICO. MULTA DO ART. 477 DA CLT. INAPLICABILIDADE. A Emenda Constitucional n. 72/2013, que alterou o parágrafo único do art. 7º da Constituição Federal, estendeu aos empregados domésticos os direitos já concedidos aos trabalhadores urbanos e rurais, mas não os contemplou com a aplicação da multa prevista no art. 477 da CLT. (TRT18, RO-0011880-42.2013.5.18.0281, Rel. Iara Teixeira Rios, 3ª Turma, 18.9.2014. (TRT18, RO — 0010196-33.2015.5.18.0016, Rel. Israel Brasil Adourian, 3ª Turma, Data de publicação: 19.9.2015).

[...] 2. MULTA DO ART. 477, § 8º DA CLT. DOMÉSTICA. INDEVIDA. A lei ainda não equiparou o empregado doméstico ao empregado comum, para fins de aplicação das normas celetistas. Dessarte, não detém aquele empregado, mesmo na vigência da atual Carta Magna, direito à multa do art. 477 da CLT. (Recurso Ordinário (Sumaríssimo) n. 00523.2009.009.19.00-6, TRT da 19ª Região/AL, Rel. Antônio Catão. j. 14.7.2009, unânime, DJe 23.7.2009).

MULTA DO ART. 477, § 8º, DA CLT. Indevida ao empregado doméstico a multa de mora pelo pagamento em atraso das verbas decorrentes da extinção do contrato de trabalho. Inteligência do disposto no art. 7º, "a", da CLT. (RO n. 0000039-96.2011.5.04.0382, 2ª Turma do TRT da 4ª Região/RS, Rel. Alexandre Corrêa da Cruz. j. 25.08.2011, unânime).

No Tribunal Regional da 1ª Região (Rio de Janeiro), também impera a divergência. Como se depreende das ementas seguintes, entre as quais a primeira, de relatoria do desembargador Roque Lucarelli Dattoli, chega a ser peremptória pela inaplicabilidade do art. 477, 8º, da CLT, ao doméstico:

Ninguém ignora que não se aplica o comando inscrito no art. 477 da CLT aos contratos de trabalho doméstico — art. 7º, alínea "a", da CLT. (Des. Roque Lucarelli Dattoli. 8ª Turma do TRT da 1ª Região. Publicação: 26.8.2013. Proc.: 00536005020065010008)

MULTA DO ART. 477 DA CLT. EMPREGADO DOMÉSTICO. INAPLICABILIDADE. Reconhecida a condição de empregada doméstica da autora, é inaplicável ao caso a multa prevista no art. 477, § 8º, da CLT, uma vez que se trata de direito não previsto no art. 7º, alínea 'a', da CLT, na Lei n. 5.859/72, e no art. 7º, parágrafo único, da Constituição Federal. (Juiz do Trabalho Convocado: Monica Batista Vieira Puglia. 00021095620125010246. 4ª Turma. TRT da 1ª Região. Publicação: 13.9.2013).

Divergindo do entendimento acima, constante das ementas exaradas pela 8ª e pela 4ª Turma, do Egrégio Tribunal Regional do Trabalho do Rio de Janeiro, está a ementa abaixo, da lavra da 10ª Turma desse Regional, *verbis*:

EMPREGADO DOMÉSTICO. MULTA DO ART. 477 DA CLT. APLICAÇÃO. POSSIBILIDADE. Se a Lei Maior assegurou ao empregado doméstico uma série de direitos trabalhistas, por certo devem ser aplicados ao empregador os dispositivos infraconstitucionais disciplinadores de pagamento, prazo e multas referentes às respectivas obrigações legais, sob pena de se deixar, exclusivamente, ao talante do devedor o tempo e a forma de adimplemento da obrigação. Apelo patronal improvido. (Proc.:00015956220125010001. Des.: Rosana Salim Villela Travesedo. 10ª Turma. TRT da 1ª Região. Publicação: 11.6.2014).

Pelo cabimento da multa, a ementa abaixo do TRT da 8ª Região, *in verbis*:

I — RELAÇÃO DE EMPREGO DOMÉSTICO — ART. 1º, DA LEI N. 5859/72 — DEPOIMENTOS DE PARTES E TESTEMUNHAS — CONTINUIDADE — SERVIÇO ESSENCIAL E CONSTANTE — CONFIGURAÇÃO — DISPENSA SEM JUSTA CAUSA

— AUSÊNCIA DE PROVA DO ABANDONO DE EMPREGO OU DO PEDIDO DE DEMISSÃO — 1 — Considerando que ficou provado nos autos pelo cotejo entre os depoimentos das partes e testemunhas que a reclamante laborava como cuidadora da mãe da reclamada, em jornada de 48 dias de labor por 48 dias de repouso, implicando, inclusive, duas semanas por mês com quatro dias de trabalho em atividade constante e necessária, tem-se que a reclamante era empregada doméstica, nos moldes do art. 1º, da Lei n. 5.859/72, dada a presença da continuidade, configurando, pois, a relação de emprego doméstico. 2 — Tendo em vista a falta de provas convincentes acerca do motivo da dispensa, ônus que cabia à reclamada, reputa-se que a reclamante foi dispensada sem justa causa, mantendo-se o deferimento do aviso prévio. II INSCRIÇÃO DO EMPREGADO NO REGIME GERAL DA PREVIDÊNCIA SOCIAL — OBRIGAÇÃO DO EMPREGADOR DOMÉSTICO — ART. 2º C/C § 4º, I, DO ART. 3º E ART. 4º, DA INSTRUÇÃO NORMATIVA N. 971/2009, DA RECEITA FEDERAL — É do empregador, inclusive doméstico, a obrigação de inscrever o empregado como segurado do Regime Geral da Previdência Social, nos termos do art. 2º c/c § 4º, I, do art. 3º e art. 4º, da IN n. 971/2009, da Receita Federal. III — MULTA DO ART. 477 DA CLT — MORA CONFIGURADA — Levando em conta a ausência de comprovantes de pagamento das verbas rescisórias, é devida a multa do art. 477, da CLT. (TRT 08ª R. — RO 0001554-82.2012.5.08.0007 — Rel. Des. Fed. Georgenor de Sousa Franco Filho — DJe 17.5.2013 — p. 78).

4.24. DISTRATO

O distrato representa um acordo entre as partes da relação de emprego para por fim ao contrato.

Conforme abordado no capítulo 3º, a Reforma Trabalhista majorou, de forma expressiva, as situações de ajuste individual entre empregado e empregador, o que foi, também, a tônica da LC n. 150/2015. Assim, pensamos ser aplicável subsidiariamente à relação jurídica de emprego doméstico a modalidade de terminação do contrato via distrato, preceituada no art. 484-A, da CLT, *verbis*:

> Art. 484-A. O contrato de trabalho poderá ser extinto por acordo entre empregado e empregador, caso em que serão devidas as seguintes verbas trabalhistas:
>
> I — por metade:
>
> a) o aviso prévio, se indenizado; e
>
> b) a indenização sobre o saldo do Fundo de Garantia do Tempo de Serviço, prevista no § 1º do art. 18 da Lei n. 8.036, de 11 de maio de 1990;
>
> II — na integralidade, as demais verbas trabalhistas.
>
> § 1º A extinção do contrato prevista no *caput* deste artigo permite a movimentação da conta vinculada do trabalhador no Fundo de Garantia do Tempo de Serviço na forma do inciso I-A do art. 20 da Lei n. 8.036, de 11 de maio de 1990, limitada até 80% (oitenta por cento) do valor dos depósitos.
>
> § 2º A extinção do contrato por acordo prevista no *caput* deste artigo não autoriza o ingresso no Programa de Seguro-Desemprego.

CAPÍTULO 5º
DIREITOS TRABALHISTAS NÃO ESTENDIDOS AOS DOMÉSTICOS

Como já se registrou, apresenta-se estreme de dúvidas a assertiva de que a LC n. 150/2015 significa um grande marco legislativo para a categoria dos empregados domésticos, ao regulamentar a EC n. 72/2013.

Entendemos que a LC n. 150/2015 não revogou o art. 7º, "a", da CLT, embora aquele diploma legal tenha, inquestionavelmente, mitigado a regra constante deste dispositivo consolidado. O 7º, "a", da CLT, exclui os domésticos do âmbito de sua aplicação. Como consequência dessa exclusão, os empregados domésticos ficam à margem de alguns direitos, de algumas regras previstas na CLT. Passaremos a arrolar os direitos e as regras que entendemos inaplicáveis aos domésticos.

5.1. SUCESSÃO DE EMPREGADORES

Os arts. 10 e 448, da CLT, prevêem o instituto jurídico denominado sucessão de empregadores, *verbis*:

> Art.10. Qualquer alteração na estrutura jurídica da empresa não afetará os direitos adquiridos por seus empregados.
>
> Art. 448. A mudança na propriedade ou na estrutura jurídica da empresa não afetará os contratos de trabalho dos respectivos empregados.

Como o empregador doméstico só poder ser a pessoa física, família ou república informal de estudantes, facilmente, constata-se que os dispositivos acima não podem ser invocados, quando se trata de empregador doméstico, pois só aplicáveis às empresas. Nessa toada, as ementas abaixo do TRT da 1ª Região, *verbis*:

> VÍNCULO EMPREGATÍCIO DOMÉSTICO. SUCESSÃO DE EMPREGADORES. NÃO CONFIGURAÇÃO. 1. Não obstante a sucessão do vínculo doméstico possa ocorrer entre pessoas não integrantes da mesma família — já que o próprio conceito de família recebe interpretação extensiva para abarcar outros grupos unitários (*e.g.* a república estudantil ou o grupo de amigos de compartilham a mesma residência) —, uma das particularidades distintivas da relação de emprego doméstico é a pessoalidade quanto à pessoa do empregador. Por esta razão, no vínculo doméstico, a "prestação à pessoa física ou à família" consubstancia-se em exceção ao princípio da despersonificação e da sucessão do empregador. Assim, a morte do empregador tende a ser fator de extinção do contrato de trabalho, exceto quando for de interesse das partes a continuidade do liame, caracterizado pela permanência da prestação de serviços. 2. Não há presunção a favor da

reclamante que o contrato de trabalho doméstico tenha se mantido em favor do espólio (massa patrimonial responsável pela antiga relação) tampouco em favor da inventariante que, no caso vertente, sequer reside no mesmo município da empregadora. Demais disso, a testemunha ouvida como informante, indicada pela reclamante, declarou que não reconhece a inventariante como empregadora da parte autora. Recurso conhecido e improvido no particular. (TRT da 1ª Região. 7ª Turma. RO 01007141620165010531. Relatora Sayonara Grillo Coutinho Leonardo da Silva. DOU 14.12.2016)

EMPREGADOR DOMÉSTICO — MORTE — DISSOLUÇÃO DO CONTRATO DE TRABALHO — EFEITOS. Na hipótese de morte do empregador doméstico, e não havendo familiares para que se estabeleça a continuidade do vínculo com a unidade familiar, a dissolução do contrato de trabalho opera-se automaticamente. Neste caso, responde o espólio pelas obrigações trabalhistas pendentes e resultantes da dissolução contratual. (TRT 1ª Região. 7ª Turma. RO 00273008020095010029. Relator Desembargador Evandro Pereira Valadão Lopes. DOU 28.10.2010) RECURSO ORDINÁRIO: Relação de emprego doméstico. Morte do empregador. Sucessão trabalhista. Inaplicável. A morte do empregador doméstico resulta na extinção automática do contrato de trabalho, ainda que haja continuidade da prestação em favor dos herdeiros do *de cujus*, o que materializa um novo liame empregatício, eis que inaplicáveis à hipótese os arts. 10 e 448 da CLT, por força do que dispõe seu art. 7º, a. Sobretudo, por conta de seu eminente caráter *intuitu personae*, figura mais saliente nas relações assim estabelecidas do que naquelas encontradas no espaço de empreendimento que tem o lucro como seu escopo social. (TRT 1ª Região. 7ª Turma. RO 01374000420055010301. Relator Zuleica Jorgensen Malta Nascimento. DOU 9.6.2008)

Nesse diapasão, a lição de Renato Saraiva, *verbis*:

> Não há falar em sucessão de empregadores no âmbito doméstico; o empregador doméstico sempre será a pessoa ou a família (Lei Complementar n. 150/15), jamais sendo pessoa jurídica, não havendo como se materializar a sucessão, visto que no liame empregatício doméstico o requisito da pessoalidade ocorre tanto na figura do empregado como na do empregador doméstico; e, por último, a atividade do trabalhador doméstico opera-se no âmbito residencial sem fins lucrativos, sem caráter econômico, não havendo como falar em transferência de titularidade de negócio.

5.2. ADICIONAL DE INSALUBRIDADE

Em consonância com o art. 189, da CLT, "Serão consideradas atividades ou operações insalubres aquelas que, por sua natureza, condições ou métodos de trabalho, exponham os empregados a agentes nocivos à saúde, acima dos limites de tolerância fixados em razão da natureza e da intensidade do agente e do tempo de exposição a seus efeitos". Cabe destacar que somente os agentes incluídos na listagem do Ministério do Trabalho como insalubres acarretam para o empregado o direito ao recebimento desse adicional. Não basta ser o agente nocivo à saúde do trabalhador, é fundamental a sua inclusão na relação do Ministério do Trabalho. Assim preconizam o art. 196, da CLT, a Súmula n. 448, item I, do TST, e a Súmula n. 460, do Supremo Tribunal Federal (STF), *in verbis:*

> Art. 196. Os efeitos pecuniários decorrentes do trabalho em condições de insalubridade ou periculosidade serão devidos a contar da data da inclusão da respectiva atividade nos quadros aprovados pelo Ministério do Trabalho, respeitadas as normas do art. 11.
>
> Súmula n. 448. ATIVIDADE INSALUBRE. CARACTERIZAÇÃO. PREVISÃO NA NORMA REGULAMENTADORA N. 15 DA PORTARIA DO MINISTÉRIO DO TRABALHO N. 3.214/78. INSTALAÇÕES SANITÁRIAS. (conversão da Orientação Jurisprudencial n. 4 da SBDI-1 com nova redação do item II) — Res. 194/2014, DEJT divulgado em 21, 22 e 23.5.2014.
>
> I — Não basta a constatação da insalubridade por meio de laudo pericial para que o empregado tenha direito ao respectivo adicional, sendo necessária a classificação da atividade insalubre na relação oficial elaborada pelo Ministério do Trabalho.
>
> II — A higienização de instalações sanitárias de uso público ou coletivo de grande circulação, e a respectiva coleta de lixo, por não se equiparar à limpeza em residências e escritórios, enseja o pagamento de adicional de insalubridade em grau máximo, incidindo o disposto no Anexo 14 da NR-15 da Portaria do MTE n. 3.214/78 quanto à coleta e industrialização de lixo urbano.
>
> Súmula n. 460. Para efeito do adicional de insalubridade, a perícia judicial, em reclamação trabalhista, não dispensa o enquadramento da atividade entre as insalubres, que é ato da competência do Ministro do Trabalho e Previdência Social.

Mesmo não se tratando de empregado doméstico, registramos que o fato de um empregado de determinado condomínio residencial ou de escritório, colocar, diariamente, o saco de lixo, já lacrado e utilizando luvas, à disposição do órgão responsável pela coleta, não lhe ensejará o recebimento do adicional de insalubridade, porquanto não houve a exposição do trabalhador a agentes nocivos à saúde (Súmula n. 448, item II, do TST, a *contrario sensu*). Verbis:

> II — A higienização de instalações sanitárias de uso público ou coletivo de grande circulação, e a respectiva coleta de lixo, por não se equiparar à limpeza em residências e escritórios, enseja o pagamento de adicional de insalubridade em grau máximo, incidindo o disposto no Anexo 14 da NR-15 da Portaria do MTE n. 3.214/78 quanto à coleta e industrialização de lixo urbano.

O exercício do trabalho em condições insalubres, acima dos limites de tolerância estabelecidos no quadro do Ministério do Trabalho e Emprego, assegura ao trabalhador o direito ao adicional de insalubridade, que será de: 40% (grau máximo); 20% (grau médio); 10% (grau mínimo), sobre o salário mínimo conforme preconiza o art. 192, da CLT, ou sobre o salário profissional, quando houver previsão em lei, em acordo coletivo, em convenção coletiva ou em sentença normativa.

Em decorrência da Lei n. 13.467/2017, o art. 611-A, da CLT, disciplina que "a convenção coletiva e o acordo coletivo de trabalho têm prevalência sobre a lei quando, entre outros, dispuserem sobre: (...) XII — enquadramento do grau de insalubridade".

Feitas as explicações anteriores, de cunho didático e informativo, consignamos que o empregado doméstico **não** tem direito ao adicional de insalubridade.

5.3. ADICIONAL DE PERICULOSIDADE

Preconiza o art. 193, da CLT, que: "São consideradas atividades ou operações perigosas, na forma da regulamentação aprovada pelo Ministério do Trabalho e Emprego, aquelas que, por sua natureza ou métodos de trabalho, impliquem risco acentuado em virtude de exposição permanente do trabalhador a: I — inflamáveis, explosivos ou energia elétrica; II — roubos ou outras espécies de violência física nas atividades profissionais de segurança pessoal ou patrimonial."

Vale registrar ainda que, a teor do § 4º, do art. 193, da CLT, "São também consideradas perigosas as atividades de trabalhador em motocicleta". De acordo com a lição da professora Vólia Bomfim Cassar:

> O adicional de periculosidade é devido ao empregado que trabalhe diretamente com inflamáveis, explosivos ou eletricidade e roubos ou outras espécies de violência física nas atividades profissionais de segurança pessoal ou patrimonial (art. 193 da CLT c/c OJs ns. 324 e 347 da SDI-I do TST) e os trabalhadores com motocicletas (ou mototaxista ou motociclistas).

Prescreve o art. 200, da CLT, que cabe ao Ministério do Trabalho estabelecer disposições complementares às normas de que trata o Capítulo V, da CLT (Da Segurança e da Medicina do Trabalho), tendo em vista as peculiaridades de cada atividade ou setor de trabalho. O adicional de periculosidade é de 30% (trinta por cento) sobre o salário do empregado, sem acréscimo de gratificações, prêmios ou participações nos lucros da empresa, consoante art. 193, § 1º, da CLT, c/c Súmula n. 191, TST.

À luz do art. 193, § 2º, da CLT, quando a atividade do empregado for exercida em local insalubre e perigoso, não haverá acúmulo no pagamento dos adicionais, devendo o mesmo optar por um dos adicionais. Lamentável esse entendimento, pois injusto com o empregado que está exposto a condições "insalubres" e "periculosas", não havendo que se falar em *bis in idem*. Recentes julgados, inclusive, do TST, vêm deferindo o recebimento cumulativo desses adicionais, por entender que o dispositivo retrocitado não foi recepcionado pela CRFB/88, mas ainda não é o entendimento predominante na SBDI-I, do TST.

Registra a Súmula n. 39, do TST, que: "Os empregados que operam em bomba de gasolina têm direito ao adicional de periculosidade". Consigna-se que a caracterização e a classificação da insalubridade e da periculosidade serão feitas por perícia a cargo de Médico do Trabalho ou Engenheiro do Trabalho, registrados no Ministério do Trabalho e Emprego, de acordo com o art. 195, da CLT. Nesse sentido, a OJ n. 165, da SBDI-I, do TST: "Perícia. Engenheiro ou médico. Adicional de insalubridade e periculosidade. Válido. O art. 195 da CLT não faz qualquer distinção entre o médico e o engenheiro para efeito de caracterização e classificação da insalubridade e periculosidade, bastando para a elaboração do laudo seja o profissional devidamente qualificado."

Por não se aplicar a CLT ao doméstico (art. 7º, "a", CLT), neste particular, bem como ante a falta de previsão na LC n. 150/2015, essa categoria não faz jus ao recebimento do adicional em tela.

5.4. ADICIONAL DE TRANSFERÊNCIA

A CLT prevê o adicional de transferência no art. 469, § 3º, no valor de 25%, havendo divergência quanto à incidência do referido adicional, se sobre o salário-base, se sobre todo o complexo salarial ou se sobre o salário contratual. Como não se aplica a CLT, amplamente, ao doméstico (art. 7º, "a", CLT), esta categoria profissional não conta com este direito. Pensamos que o valor de 25% (vinte e cinco por cento), previsto no art. 469, § 3º, da CLT, serviu de parâmetro, para a regra constante do § 2º, do art. 11, da LC n. 150/2015, abaixo transcrito, mas frise-se que o doméstico não tem direito ao adicional ora comentado.

> Art. 11. Em relação ao empregado responsável por acompanhar o empregador prestando serviços em viagem, serão consideradas apenas as horas efetivamente trabalhadas no período, podendo ser compensadas as horas extraordinárias em outro dia, observado o art. 2º. (...)
>
> § 2º A remuneração-hora do serviço em viagem será, no mínimo, 25% (vinte e cinco por cento) superior ao valor do salário-hora normal.

5.5. EQUIPARAÇÃO SALARIAL

A equiparação salarial está prevista no art. 461, da CLT, *verbis*: "sendo idêntica a função, a todo trabalho de igual valor, prestado ao mesmo empregador, no mesmo estabelecimento empresarial, corresponderá igual salário, sem distinção de sexo, etnia, nacionalidade ou idade (Redação dada pela Lei n. 13.467, de 2017). O empregado doméstico não possui direito à equiparação salarial por falta de previsão legal, isto é, tal direito está previsto na CLT, que não é aplicável, neste particular, ao doméstico, por força do art. 7º, "a", da CLT, bem como pela falta de previsão expressa na LC n. 150/2015 neste sentido.

Assim, também, posiciona-se a professora Vólia Bomfim Cassar, *ipsis litteris*:

> Assim, não foram estendidos ao doméstico, por exemplo: a penalidade prevista no art. 477, § 8º, da CLT, por se tratar de penalidade; o instituto da sucessão de empresários (arts. 10 e 448 da CLT), porque só aplicáveis às empresas; o adicional de insalubridade e periculosidade (arts. 193 e 195 da CLT); o adicional de transferência (art. 469 da CLT); a estabilidade do cipeiro e do dirigente sindical (art. 165 da CLT; art. 10, II, a, do ADCT; art. 543, CLT), a equiparação salarial (art. 461 da CLT) etc. — aplicação do art. 7º, alínea "a", da CLT.

5.6. MULTA PREVISTA NO ART. 467, DA CLT

Prescreve o art. 467, da CLT, que *"Em caso de rescisão de contrato de trabalho, havendo controvérsia sobre o montante das verbas rescisórias, o empregador é obrigado a pagar ao trabalhador, à data do comparecimento à Justiça do Trabalho, a parte incontroversa dessas verbas, sob pena de pagá-las acrescidas de 50% (cinquenta por cento)."*

Como entendemos que a LC n. 150/2015 não revogou o art. 7º, "a", da CLT, este diploma consolidado continua não sendo aplicável, **em sua totalidade**, ao empregado doméstico. Em decorrência disso, não se aplica o comando previsto no art. 467, da CLT, aos litígios que tenham como parte o empregado doméstico. Nessa toada, as seguintes jurisprudências:

> RECURSO ORDINÁRIO. DOMÉSTICO. O art. 7º da CLT exclui os empregados domésticos da aplicação dos preceitos constantes da Consolidação, salvo quando expressamente determinado em contrário. Assim, não são devidas as multas previstas nos arts. 467 e 477 da CLT, postuladas pela reclamante. (Juiz do Trabalho Convocado: Leonardo Pacheco. Proc.: 00013491820105010072. 5ª Turma do TRT da 1ª Região. Publicação: 14.4.2014.)

> EMPREGADO DOMÉSTICO. MULTAS DOS ARTS. 467 E 477 DA CLT. Os preceitos constantes da CLT não se aplicam aos empregados domésticos, exceto com relação às férias. Os direitos a eles conferidos estão expressamente elencados no parágrafo único do art. 7º da Constituição da República e na Lei n. 5.859/72. E entre as garantias asseguradas às relações dessa natureza não se encontram as que se referem às multas dos arts. 467 e 477 da CLT. (RO n. 1533001720095020056 (20110374821), 8ª Turma do TRT da 2ª Região/SP, Rel. Silvia Almeida Prado. unânime, DOe 1º.4.2011).

> RECURSO DE REVISTA — EMPREGADO DOMÉSTICO — INAPLICABILIDADE DAS MULTAS DOS ARTS. 467 E 477 DA CLT. O disposto no art. 7º, "a", da Consolidação das Leis do Trabalho afasta a aplicação dos seus preceitos aos empregados domésticos, estando sujeitos ao regime jurídico disciplinado na Lei n. 5.859/72 e ao estabelecido no parágrafo único do art. 7º da Constituição Federal, além de terem direito a escassos benefícios previstos em legislação esparsa, não se inserindo dentre tais direitos as multas previstas nos arts. 467 e 477, § 8º, da CLT. Recurso de revista conhecido e desprovido. (...). Recurso de revista conhecido e provido. (RR-2015800-10.2003.5.09.0016, Relator Ministro Luiz Philippe Vieira de Mello Filho, 1ª Turma, DEJT 10.9.2010).

Imprescindível, no entanto, registrar que há divergência neste particular, pois há jurisprudência sustentando a aplicabilidade do art. 467, da CLT, às reclamações trabalhistas que tenham o empregado doméstico como parte.

> EMPREGADA DOMÉSTICA. VERBAS RESCISÓRIAS PAGAS FORA DO PRAZO. DEVIDAS AS MULTAS PREVISTAS NOS ARTS. 467 E 477 DA CLT. Se o empregador tem prazo para quitar as verbas rescisórias do empregado e não o faz, ou pelo menos não comprova que o fez, mesmo se tratando de doméstico, as multas dos arts. 477 e 467 da CLT são devidas. Recurso provido, no particular. (Proc.: 0000918-14.2010.5.06.0017 (RO). 2ª Turma. Relator: Juiz Federal do Trabalho Sérgio Murilo de Carvalho Lins. Procedência: 17ª Vara do Trabalho do Recife — PE).

5.7. ASSISTÊNCIA NA RESCISÃO CONTRATUAL

A Reforma Trabalhista, decorrente da Lei n. 13.467/2017, revogou, expressamente, o art. 477, § 1º, da CLT, cuja redação era a seguinte, *verbis*:

> § 1º O pedido de demissão ou recibo de quitação de rescisão, do contrato de trabalho, firmado por empregado com mais de 1 (um) ano de serviço, só será válido quando feito com a assistência do respectivo Sindicato ou perante a autoridade do Ministério do Trabalho e Previdência Social.

De qualquer sorte, o comando acima não era aplicado ao empregado doméstico, pois, neste particular, não se lhe aplicava a CLT, inteligência do art. 7º, "a", da CLT, bem como pelo fato de a LC n. 150/2015 não exigir a participação da entidade sindical nem mesmo para a adoção do regime 12x36 horas, como se depreende do art. 10, desta lei, *in verbis*: "*Art. 10. É facultado às partes, mediante acordo escrito entre essas, estabelecer horário de trabalho de 12 (doze) horas seguidas por 36 (trinta e seis) horas ininterruptas de descanso, observados ou indenizados os intervalos para repouso e alimentação.*"

Esse era o entendimento que predominava na doutrina. Nessa toada, a lição do professor Carlos Henrique Bezerra Leite, *ipsis litteris*: "A LC n. 150 é omissa a respeito, mas, considerando-se as peculiaridades do trabalho doméstico, parece-nos que não é necessária a assistência do sindicato da categoria profissional para tornar válido o pedido de demissão do trabalhador doméstico." As ementas abaixo, do TRT do Rio de Janeiro, vão ao encontro do entendimento acima, *verbis*:

> EMPREGADO DOMÉSTICO. PEDIDO DE DEMISSÃO. AUSÊNCIA DE HOMOLOGAÇÃO PELO SINDICATO. Não há obrigação legal de homologação pelo sindicato da rescisão do contrato de trabalho do empregado doméstico com mais de um ano de serviços prestados. PROCESSO n. 0010992-89.2015.5.01.0018 (RO). Relator. José Luis Campos Xavier. 7ª Turma, TRT da 1ª Região (RJ). Publicado 14.10.2016.

> EMPREGADO DOMÉSTICO. PEDIDO DE DEMISSÃO. VALIDADE. ÔNUS DA PROVA DO EMPREGADO. O disposto no art. 7º, "a", da CLT afasta a aplicação dos seus preceitos aos empregados domésticos, estando estes sujeitos ao regime jurídico disciplinado pela Lei n. 5.859/72 e ao que estabelece o parágrafo único do art. 7º da Constituição Federal.

Assim, não havendo previsão na legislação específica ou no parágrafo único do art. 7º da Carta Magna, inexiste obrigatoriedade de que o empregado doméstico, que conte com mais de um ano de serviço, seja assistido pelo seu sindicato no ato de sua manifestação de vontade para tornar válido o pedido de demissão efetuado. É ônus do empregado provar qualquer vício de vontade como causa de nulidade do ato praticado, ônus do qual não se desincumbiu. (TRT — 1ª Região, documento n. 00105645720145010531, 1ª Turma, relatora Desembargadora Mery Bucker Caminha, DOERJ 12.11.2015)

5.8. ART. 500, DA CLT

Em consonância com o art. 500, da CLT, "O pedido de demissão do empregado estável só será válido quando feito com a assistência do respectivo Sindicato e, se não o houver, perante autoridade local competente do Ministério do Trabalho e Previdência Social ou da Justiça do Trabalho."

O artigo supra não é utilizado para o empregado doméstico, pois não se lhe aplica a CLT, inteligência do art. 7º, "a", bem como por falta de previsão na LC n. 150/2015.

5.9. PROGRAMA DE INTEGRAÇÃO SOCIAL (PIS)

O art. 239, da CRFB/88, disciplina que: "A arrecadação decorrente das contribuições para o Programa de Integração Social, criado pela Lei Complementar n. 7, de 7 de setembro de 1970, e para o Programa de Formação do Patrimônio do Servidor Público (PASEP), criado pela Lei Complementar n. 8, de 3 de dezembro de 1970, passa, a partir da promulgação desta Constituição, a financiar, nos termos que a lei dispuser, o programa do seguro-desemprego e o abono de que trata o § 3º deste artigo". Abaixo o referido parágrafo:

> 3º Aos empregados que percebam de empregadores que contribuem para o Programa de Integração Social ou para o Programa de Formação do Patrimônio do Servidor Público, até dois salários mínimos de remuneração mensal, é assegurado o pagamento de um salário mínimo anual, computado neste valor o rendimento das contas individuais, no caso daqueles que já participavam dos referidos programas, até a data da promulgação desta Constituição.

A Lei n. 7.998/90, regulamentando o preceito constitucional acima transcrito, em seu art. 9º, dispõe que: *"É assegurado o recebimento de abono salarial anual, no valor de um salário mínimo vigente na data do respectivo pagamento, aos empregados que: I — tenham percebido, de empregadores que contribuem para o Programa de Integração Social (PIS) ou para o Programa de Formação do Patrimônio do Servidor Público (Pasep), até 2 (dois) salários mínimos médios de remuneração mensal no período trabalhado e que tenham exercido atividade remunerada pelo menos durante 30 (trinta) dias no ano-base; II — estejam cadastrados há pelo menos 5 (cinco) anos no Fundo de Participação PIS-Pasep ou no Cadastro Nacional do Trabalhador."*

"No caso de beneficiários integrantes do Fundo de Participação PIS-Pasep, serão computados no valor do abono salarial os rendimentos proporcionados pelas respectivas contas individuais." (art. 9º, § 1º). Dessume-se, pois, que são requisitos, cumulativos, para ter direito ao PIS:

a) *estar cadastrado, há pelo menos 5 (cinco) anos, no Fundo de Participação PIS-Pasep ou no Cadastro Nacional do Trabalhador (CNT);*

b) perceber *até 2 (dois) salários mínimos de remuneração mensal no período trabalhado;*

c) *ter exercido atividade remunerada, durante, pelo menos, 30 (trinta) dias no ano-base.*

No entanto, mister gizar que os empregados domésticos não fazem *jus* ao abono, pois os empregadores domésticos não contribuem para o sistema, porquanto os contribuintes do PIS são as pessoas jurídicas de direito privado.

CAPÍTULO 6º
EMPREGADO DOMÉSTICO E ASSÉDIO MORAL

O assédio moral consiste em qualquer conduta abusiva, materializada por gesto, palavra ou comportamento, que atente, por sua repetição, contra a dignidade ou contra a integridade psíquica ou física de uma pessoa. Prescreve o art. 223-C, da CLT, que: "A honra, a imagem, a intimidade, a liberdade de ação, a autoestima, a sexualidade, a saúde, o lazer e a integridade física são os bens juridicamente tutelados inerentes à pessoa física."

Nas relações de emprego, por não se encontrarem os personagens principais (empregado e empregador) em pé de igualdade, pelo contrário, existindo um que é o hipossuficiente, que tem de cumprir ordens, é comum que ocorra o assédio moral, que, por sua vez, conduz ao dever de reparar pelos danos morais causados. Nas palavras do ministro do TST, Mauricio Godinho Delgado, dano moral "é toda dor física ou psicológica injustamente provocada em uma pessoa humana".

É preciso, no entanto, registrar que o assédio moral pode ser realizado pelo próprio empregador, que se utiliza de sua posição de superioridade para constranger seus subalternos, o que é mais comum, mormente nas relações de emprego que envolvem o doméstico, bem como pelos próprios empregados entre si, com o desiderato de excluir alguém indesejado do grupo, seja por razões de competição ou de discriminação.

O assédio moral não é um fenômeno novo e possui, como principal implicação, a afetação da saúde mental e física da vítima, mais comumente acometida de doenças como depressão e "stress". Para a sua caracterização, exige-se, também, a reiteração da conduta ofensiva ou humilhante, haja vista que atos esporádicos não ensejam, como regra, lesões psíquicas na vítima. Como exemplos, podemos citar: a) excesso de cobrança e rigor desmedido no cumprimento das tarefas; b) extrapolar o empregador no seu poder diretivo, negligenciando na obrigação de dar tratamento adequado aos seus empregados; c) ausência de concessão do tempo para refeição e descanso; d) jornadas excessivas de trabalho e que extrapolam o limite de duas horas diárias; e) zombar de alguma deficiência física do empregado, ou da orientação sexual deste, isto é, procedimentos que atentam contra a dignidade da pessoa humana (art. 1º, inc. III, da CRFB/88).

Nesta despretensiosa obra, iremos analisar o assédio moral por quatro viés: a) atraso reiterado no pagamento de salário; b) emprego de palavras, expressões que afetem a dignidade da pessoa; c) falta de assinatura da CTPS; d) registros indevidos na CTPS por parte do empregador.

6.1. ATRASO NO PAGAMENTO DE SALÁRIO E DE VERBAS RESCISÓRIAS E AUSÊNCIA DE RECOLHIMENTO PREVIDENCIÁRIO

No que tange ao dano moral decorrente do atraso no pagamento do salário, a jurisprudência do Colendo Tribunal Superior do Trabalho exige que o atraso seja contumaz, isto é, habitual, costumeiro.

A repetida impontualidade do empregador, quanto ao pagamento do salário, acarreta muitos transtornos ao empregado, uma vez que este fica impossibilitado de saldar suas obrigações. Não se pode esquecer de que o salário possui natureza alimentar.

Provando o empregado que teve o crédito suspenso no comércio, ou o nome inscrito em cadastros restritivos, ou que sofreu a suspensão de algum dos serviços considerados essenciais por lei, em decorrência do não recebimento do salário, ficará constatada a violação ao princípio da dignidade humana do trabalhador, sendo o direito à reparação dos danos morais a sua consequência. Nessa toada, as seguintes ementas do Tribunal Superior do Trabalho, *in verbis*:

> RECURSO DE REVISTA INTERPOSTO NA VIGÊNCIA DA LEI N. 13.015/2014. INDENIZAÇÃO POR DANO MORAL. MORA REITERADA NO PAGAMENTO DE SALÁRIOS. DESNECESSIDADE DE COMPROVAÇÃO DE PREJUÍZO. DANO *IN RE IPSA*. VALOR DA INDENIZAÇÃO FIXADO EM R$ 6.000,00 (SEIS MIL REAIS).
>
> O empregado oferece sua força de trabalho, em troca de pagamento correspondente para a sua sobrevivência. Se não recebe seus salários na época aprazada, fica impedido de arcar com os custos de sua subsistência e de sua família. Frisa-se que o salário possui natureza alimentar. Ressalta-se que é extremamente fácil inferir o abalo psicológico ou constrangimento sofrido por aquele que não possui condições de saldar seus compromissos na data estipulada, porque não recebeu seus salários em dia. Nessas circunstâncias, é presumível que a empregada se sentia insegura e apreensiva, pois não sabia se receberia seu salário no prazo legal. Portanto, o reiterado ato ilícito praticado pela reclamada acarretou dano moral *in re ipsa*, que dispensa comprovação da existência e da extensão, sendo presumível em razão do fato danoso — não recebimento dos salários na época certa. Dessa forma, não se cogita da necessidade de a reclamante comprovar que o pagamento dos seus salários com atraso teria acarretado prejuízo psicológico e íntimo ou afetado sua imagem e honra. Na hipótese, ao que sobressai do acórdão regional, o atraso no pagamento dos salários da reclamante é incontroverso, fato que é corroborado pela constatação de que, na sentença, a reclamada foi condenada ao pagamento dos salários referentes a cinco meses de trabalho. A ausência de pagamento de salários por cinco meses consecutivos já configura a reiterada mora no pagamento das verbas salariais, porquanto ocorrida em relação a meses distintos. Recurso de revista conhecido e provido. (2ª Turma. TST. Ministro Relator José Roberto Freire Pimenta. Publicado em 9.2.2018, PROC.: 0000592.07.2017.5.12.0061).
>
> Número do documento:00110745720145010018
>
> Tipo de processo: RECURSO ORDINÁRIO
>
> Data de publicação: 2016-05-11

Orgão julgador: Nona Turma

Desembargador/Juiz do Trabalho: Eduardo Henrique Raymundo Von Adamovich

Tipo de relator: RELATOR

Ementa: Indenização por dano moral. Retenção salarial de empregado doméstico. Cabimento. Analisada a questão sobre o estrito enfoque da retenção salarial de dois meses subsequentes, entendo que merece provimento o pedido. Sem apresentar nenhuma justificativa nos autos, resolveu a reclamada violar os princípios da dignidade humana e dos valores sociais do trabalho, aproveitando-se da evidente fragilidade do trabalhador doméstico, que integra notória relação desigual, deixando a reclamante por longo período de tempo sem acesso ao seu meio de subsistência, que é o seu salário. Provido o recurso.

DANO MORAL. INDENIZAÇÃO. ATRASO CONTUMAZ NO PAGAMENTO DE SALÁRIOS. A indenização por dano moral tem sido admitida não apenas em caso de ofensa à honra objetiva (que diz respeito à consideração perante terceiros), mas também de afronta à honra subjetiva (sentimento da própria dignidade moral), a qual se presume. Com efeito, o que se exige é a prova dos fatos que ensejam o pedido de indenização por danos morais e não a prova dos danos imateriais, esta, de resto, impossível. A jurisprudência dominante é a de que o atraso no pagamento de salários pode ensejar o dano moral quando demonstrada a inconveniência, o transtorno ou outro prejuízo decorrente desse atraso, e não pelo atraso, por si só. No entanto, o caso dos autos é de atraso constante no pagamento dos salários, — sendo este procedimento reincidente ao longo dos anos — situação que, em sua gravidade, por qualquer ângulo que se avalie, mostra-se abusiva, excessiva, antijurídica. Demonstrados os fatos que ensejaram o pedido de indenização por danos morais, os efeitos da afronta sofrida na esfera subjetiva do empregado são flagrantes. Não é difícil presumir o abalo psíquico, a angústia e o constrangimento pelos quais passa um cidadão honesto num contexto tão draconiano como esse. Assim, ficando configurado o dano moral, é devido o pagamento da respectiva indenização. Recurso de revista a que não se conhece (RR-7900-11.2009.5.09.0562, Rel. Min. Kátia Magalhães Arruda, 5ª Turma, DEJT 4.5.2012).

RECURSO DE REVISTA. DANO MORAL. CONFIGURAÇÃO. ATRASO NO PAGAMENTO DOS SALÁRIOS. DANO IN RE IPSA. DIREITO FUNDAMENTAL DE ORDEM SOCIAL. Imperativo reconhecer que a mora salarial gera *ipso facto* um dano também extrapatrimonial quando não se cuida, por exemplo, de verbas acessórias ou salário diferido, mas daquela parte nuclear do salário imprescindível para o empregado honrar suas obrigações mensais relativas às necessidades básicas com alimentação, moradia, higiene, transporte, educação e saúde. O inevitável constrangimento frente aos provedores de suas necessidades vitais configura um dano *in re ipsa*, mormente quando consignado que era reiterada a conduta patronal em atrasar o pagamento dos salários. A ordem constitucional instaurada em 1988 consagrou a dignidade da pessoa humana como princípio fundamental da República, contemplando suas diversas vertentes — pessoal, social, física, psíquica, profissional, cultural etc. —, e alçando também o patamar de direito fundamental às garantias inerentes a cada uma dessas esferas. Assim, o legislador constituinte cuidou de detalhar no art. 5º, *caput* e incisos, aqueles mais ligados ao indivíduo, e nos arts. 6º a 11, os sociais, com ênfase nos direitos relativos à atividade laboral (arts. 7º a 11). Dessa forma, o exercício dessa dignidade está assegurado não só pelo direito à vida, como expressão da integridade física apenas. A garantia há de ser verificada nas vertentes concretas do seu exercício, como acima delineado, com atendimento das necessidades básicas indispensáveis à concretização de direitos à liberdade e a outros direitos sociais, todos eles alcançáveis por meio do trabalho. O direito fundamental ao trabalho (CF, art. 6º, *caput*) importa direito a trabalho digno; cuja vulneração gera o direito, igualmente fundamental, à reparação de ordem moral correspondente (CF/88, art. 5º, V e X). A exigência de comprovação de dano efetivo não se coaduna com a própria natureza do dano moral. Trata-se de lesão de ordem psíquica que prescinde de comprovação. A prova em tais casos está associada apenas à ocorrência de um fato (atraso nos salários) capaz de gerar, no trabalhador, o grave abalo psíquico que resulta inexoravelmente da incerteza quanto à possibilidade de arcar com a compra, para si e sua família, de alimentos, remédios, moradia, educação, transporte e lazer. Recurso de revista conhecido e não provido (RR-456-47.2011.5.04.0221, Rel. Min. Augusto César Leite de Carvalho, 6ª Turma, DEJT 23.8.2013).

DANO MORAL — ATRASO REITERADO NO PAGAMENTO DE SALÁRIOS — CONFIGURAÇÃO. A questão referente ao dano moral em decorrência do atraso no pagamento de salários tem sido analisada sob duas perspectivas: a primeira, em que ocorre o simples atraso no pagamento de salários, e a segunda, quando esse atraso é reiterado, contumaz, reconhecendo-se no segundo caso o direito à indenização por dano moral. A Corte regional, em avaliação do conjunto fático-probatório, afirmou que o atraso no pagamento de salários era reiterado. A repetida impontualidade da empregadora tem como consequência a dificuldade de o trabalhador saldar suas obrigações. Dessa forma, constatada a violação do princípio da dignidade humana do trabalhador, o direito à reparação dos danos morais é a sua consequência. Agravo de instrumento desprovido (AIRR- 2093-73.2010.5.09.0562, Rel. Min. Luiz Philippe Vieira de Mello Filho, 7ª Turma, DEJT 20.9.2013).

Mister registrar que o Tribunal Superior do Trabalho faz a distinção entre atraso reiterado no pagamento de salário e atraso no pagamento das verbas resilitórias, predominando o entendimento de que, quando a mora diz respeito apenas a este último, não há reparação por danos morais.

(...) ATRASO NO PAGAMENTO DAS VERBAS RESCISÓRIAS. INDEVIDO O PAGAMENTO DE DANOS MORAIS. A jurisprudência desta Corte distingue os atrasos salariais e o atraso no pagamento das verbas rescisórias, considerando cabível o pagamento de indenização por dano moral nos casos de atrasos reiterados nos pagamentos salariais mensais, mas não no caso de atraso na quitação de verbas rescisórias. Precedentes. Recurso de revista conhecido e provido. (...) (Processo: RR — 119800-06.2009.5.01.0082. Data de Julgamento: 21.5.2014, Relator Ministro: Augusto César Leite de Carvalho, 6ª Turma, Data de Publicação: DEJT 23.5.2014).

O Egrégio Tribunal Regional do Trabalho do Rio de Janeiro (1ª Região), em 19.7.2016, editou a Tese Jurídica Prevalecente n. 1, consignando que tanto a mora salarial, como a falta de pagamentos das verbas resilitórias exigem a comprovação dos transtornos daí decorrentes (nexo causal), para que se configure o dano moral, *ipsis litteris*:

TESE JURÍDICA PREVALECENTE — 01

DANO MORAL. INADIMPLEMENTO CONTRATUAL OU ATRASO NO PAGAMENTO DAS VERBAS RESILITÓRIAS. DANO *IN RE IPSA* E NECESSIDADE DE PROVA DE VIOLAÇÃO AOS DIREITOS DA PERSONALIDADE DO TRABALHADOR.

Ainda que o dano moral seja *in re ipsa*, não é toda a situação de ilegalidade que é capaz de, automaticamente, causar um abalo moral indenizável. A situação de ilegalidade que constitui suporte para a indenização moral é aquela que impõe ao homem médio um abalo moral significativo. O dano moral não decorre, por si só, de mero inadimplemento contratual ou da falta de pagamento das verbas resilitórias pelo empregador, a não ser que se alegue e comprove (CLT, art. 818 c/c do CPC/15, art. 373, inciso I) de forma inequívoca, o nexo de causalidade entre tal inadimplemento e a superveniência de transtornos de ordem pessoal dele advindos.

Noutro giro, a falta de recolhimento das contribuições previdenciárias tem o condão de causar angústia e sofrimento ao empregado, a ensejar a ocorrência de danos morais. Não há como negar que a ausência de tais recolhimentos gera ao empregado o sentimento de abandono, angústia e impotência, caracterizando, assim, o dano extrapatrimonial. Nesse diapasão, a seguinte ementa:

Número do documento: 00110908820135010036

Tipo de processo: RECURSO ORDINÁRIO

Data de publicação: 2016-06-07

Órgão julgador: Segunda Turma

Desembargador/Juiz do Trabalho: Volia Bomfim Cassar

Tipo de relator: RELATOR

Ementa: EMPREGADO DOMÉSTICO. RESPONSABILIDADE DO EMPREGADOR PELO RECOLHIMENTO DAS CONTRIBUIÇÕES PREVIDENCIÁRIAS. AUSÊNCIA DE RECOLHIMENTO. INDEFERIMENTO DE BENEFÍCIOS. OFENSA À MORAL DO TRABALHADOR DEBILITADO. A ausência de recolhimentos previdenciários por parte do empregador colocou a trabalhadora, recém diagnosticada com câncer, em condição irrazoável de insegurança, pois ciente de que não viria a receber a proteção previdenciária, razão pela qual é devida a reparação moral, ora majorada em respeito aos princípios da razoabilidade e proporcionalidade.

6.2. USO DE PALAVRAS OU DE EXPRESSÕES DEPRECIATIVAS

As palavras possuem cor, textura, cheiro e poder. A poetisa carioca Cecília Meireles reconheceu a força das palavras, que são, ao mesmo tempo, frágeis como o vidro e mais poderosas que o aço.

A Constituição da República Federativa do Brasil (CRFB), promulgada em 5.10.1988, assegura aos trabalhadores, urbanos e rurais, o direito a um ambiente de trabalho sadio (art. 7º, *caput*, c/c art. 225, *caput*). Dessarte, o empregador que possui o hábito de xingar o empregado pratica ato ilícito, que fere a dignidade deste, pois vai de encontro aos direitos da personalidade.

Válido registrar que os direitos da personalidade são classificados como: a) direito à integridade física (direito à vida, à higidez corpórea, às partes do corpo etc); b) direito à integridade intelectual (direito à liberdade de pensamento, à autoria artística e científica e à invenção); c) direito à integridade moral (direito à imagem, ao segredo, à boa fama, à honra, à intimidade, à privacidade, à liberdade civil, política e religiosa etc). Nessa toada, a jurisprudência do Tribunal Regional do Trabalho da 1ª Região, como se depreende das ementas transcritas abaixo, *verbis*:

> DANO MORAL. XINGAMENTO. CONFIGURAÇÃO. Configura ato ilícito passível de ensejar indenização o ato do empregado que, utilizando da superioridade, repreende o trabalhador com xingamento na frente de outros empregados. Nesse caso, há abuso de poder por parte do empregador. (PROC. N. TRT-RO-0001071-30.2012.5.01.0045. 6ª Turma. Data de julgamento: 28.5.2014. Claudia Regina Vianna Marques Barrozo — Juíza convocada relatora).

> RECURSO ORDINÁRIO. DANO MORAL. DIGNIDADE DO EMPREGADO. OFENSA GENÉRICA POR XINGAMENTO. Os direitos da personalidade são classificados como direito à integridade física, à integridade intelectual e à integridade moral, sendo esta dividida em objetiva e subjetiva. A objetiva é a visão que os outros têm a nosso respeito, mediante a percepção de seus sentidos, seja pelas nossas atitudes, nossos gestos, enfim, por qualquer fato que nos torne públicos; ao passo que a subjetiva é a visão que cada um faz de si mesmo, independentemente do que possamos parecer frente aos demais. Não há como ignorar que um xingamento que ofende a honra das pessoas do grupo ofendido traz a obrigação de indenizar, diante da regra geral de responsabilidade civil, trazida no art. 927 do Código Civil. Todavia, se proferido de forma genérica, o valor da indenização não merece ser majorado. (PROCESSO: 0094900-97.2009.5.01.0521 — RO. 10ª Turma. Data de julgamento: 15.4.2013. Desembargador: Flávio Ernesto Rodrigues Silva)

> DANO MORAL. HIPÓTESE. O dano moral se configura como lesão à dignidade humana, aos direitos da personalidade (honra, imagem, nome, intimidade, privacidade, dentre outros). Constitui uma lesão extrapatrimonial, a qual não pode ser mensurada em dinheiro. O empregado que habitualmente é submetido a xingamento por superior hierárquico na frente de outros funcionários sobre(sic), sem dúvida, abalo em sua honra. (PROCESSO: 0000860-36.2012.5.01.0031 — RTOrd. 6ª Turma. Data de julgamento: 17.6.2013. Claudia Regina Vianna Marques Barrozo — Juíza convocada relatora).

Como não poderia ser diferente, segundo a jurisprudência do Tribunal Superior do Trabalho, o empregador que xinga, que dispara palavra de baixo calão contra o empregado fere a dignidade deste, causando-lhe dano moral. *Verbis*:

> AGRAVO DE INSTRUMENTO EM RECURSO DE REVISTA. DANOS MORAIS. ABUSO DO PODER DIRETIVO. 1. Na espécie, o e. TRT consignou que, a teor da prova testemunhal, 'a reclamante foi submetida à situação de constrangimento e humilhação'. Foi relatado que a superior hierárquica 'disse à reclamante que era melhor que ficasse em casa (...) ao invés de ficar atrapalhando o serviço' e também que 'proferiu palavrões à reclamante', assim como fez com uma das testemunhas. 2. A e. Corte regional constatou que 'referida pessoa não era dada à cordialidade e urbanidade necessárias ao convívio profissional e social'. Tais circunstâncias, no entender daquele Tribunal, 'causaram dor moral à reclamante, perante os seus colegas de trabalho e com repercussão, por consequência, em seu meio social', ensejando, portanto, o pagamento da indenização pleiteada. 3. Incumbe ao empregador o dever de proporcionar ao empregado as condições de higiene, saúde e segurança no ambiente laboral, sob pena de afronta ao princípio da prevenção do dano ao meio ambiente, exteriorizado, no âmbito do Direito do Trabalho, na literalidade do art. 7º, XXII, da Carta Magna. O fato de o empregador exercer de forma abusiva

seu poder diretivo 'art. 2º da CLT', com a utilização de práticas degradantes de que é vítima o trabalhador, implica violação dos direitos de personalidade, constitucionalmente consagrados (art. 1º, III). A afronta à dignidade da pessoa humana, aliada ao abuso do poder diretivo do empregador, dá azo ao dever de compensar pelo decorrente dano moral. 4. Inviolados os arts. 1º, II, III, IV, 2º, 3º, III, IV, 5º, III, X, XV, XLI, 7º, XXII, 170, 193, 196, 225, §§ 1º e 3º da Carta Magna e 51, IV, do CDC (TST-AIRR-496-18.2011.5.02.0372, 1ª Turma, Relator Ministro Hugo Carlos Scheuermann, DEJT 27.9.2013)

AGRAVO DE INSTRUMENTO. DANOS MORAIS. OCORRÊNCIA. NÃO PROVIMENTO. Comete ato ilícito a ensejar o pagamento de indenização por danos morais o empregador cujo gerente é grosso e trata desrespeitosa e degradantemente os funcionários, dirigindo-lhes palavras ofensivas, uma vez que viola seus direitos da personalidade à honra e à dignidade humana. (Valor: R$ 10.000,00) Agravo de instrumento a que se nega provimento (TST-AIRR-4318-38.2010.5.15.0000, 2ª Turma, Relator Ministro Guilherme Augusto Caputo Bastos, Data de Publicação 24.2.2012)

INDENIZAÇÃO POR DANOS MORAIS. Inafastável a culpa, uma vez que o Regional constatou, por meio de prova testemunhal, que a reclamante foi perseguida e humilhada, ficando evidente o assédio moral na forma descendente, ou seja, de chefe para subordinado, acarretando ofensa à honra e à dignidade da ex-empregada e, consequentemente, a obrigação de reparar o dano moral perpetrado. Ilesos os arts. 5º, V, da Constituição Federal, 186 e 927 do Código Civil. O Regional não decidiu a questão pelo enfoque do ônus da prova, mas, sim, pela valoração das provas, estando incólumes os arts. 818 da CLT e 333, I, do CPC. Recurso de revista não conhecido. (TST-RR-211-78.2010.5.03.0001, 8ª Turma, Relatora Ministra Dora Maria da Costa, DEJT 20.4.2012)

6.3. FALTA DE ASSINATURA NA CTPS

No que diz respeito à reparação por danos morais, no campo do Direito do Trabalho, um dos assuntos que mais geram divergências é o ora analisado: se a falta de assinatura da CTPS gera danos morais. Para ratificar a existência de divergência, registraremos três ementas da Alta Corte Trabalhista, espelhando posicionamentos diametralmente opostos, *ipsis litteris*:

Anotação do vínculo de emprego na CTPS. Ausência. Inexistência de prejuízo. Dano moral não caracterizado. Conforme preceitua o art. 29 da CLT, a anotação do vínculo de emprego na CTPS tem caráter cogente. Todavia, a ausência de registro, por si só, não gera automaticamente dano moral ao empregado, mormente quando não há prova de prejuízo. No caso concreto, não houve prova efetiva de dano algum que pudesse abalar a intimidade, a vida privada, a honra ou a imagem do autor. Ademais, ressaltou-se que a inexistência de anotação de vínculo empregatício na CTPS configura mera irregularidade administrativa que pode ser sanada por determinação judicial ou pela própria secretaria da vara do trabalho (art. 39, § 1º, da CLT). Assim, a SBDI-I, por unanimidade, conheceu do recurso de embargos, por divergência jurisprudencial, e, no mérito, negou--lhe provimento. (TST-E — ED-RR-3323-58.2010.5.02.0203, SBDI-I, rel. Min. Cláudio Mascarenhas Brandão, 2.6.2016)

RECURSO DE REVISTA. INDENIZAÇÃO POR DANOS MORAIS. AUSÊNCIA DE REGISTRO DO CONTRATO DE TRABALHO NA CTPS. Para que se configure ato ilícito a justificar a reparação de ordem moral, é necessário que a conduta do empregador acarrete efetivo prejuízo imaterial ao trabalhador, direto ou indireto, o que não ocorre na espécie. A recusa de anotação do contrato de emprego na CTPS, quando se controvertem em Juízo as hipóteses de empregado ou de trabalhador autônomo, não enseja o denominado *"damnun in re ipsa"*. Precedentes. (Proc.: RR-171900-70.2004.5.02.0021.1ª Turma. TST. Ministro Relator Walmir Oliveira da Costa. Publicado em 8.3.2013.)

Em sentido contrário, reconhecendo a existência do dano moral:

RECURSO DE REVISTA DO RECLAMANTE. INDENIZAÇÃO POR DANO MORAL. AUSÊNCIA DE ANOTAÇÃO DO CONTRATO NA CTPS. O quadro descrito no acórdão regional permite concluir pela existência de dano moral, em face da inobservância, pelo empregador, do direito primordial do trabalhador de ter o seu contrato de emprego anotado em carteira de trabalho e previdência social, que lhe possibilita o acesso aos benefícios assegurados somente àqueles formalmente registrados. Recurso de revista conhecido e provido. (TST — RR-125300-74.2009.5.15.0046, 3ª Turma, Relator Alberto Luiz Bresciani de Fontan Pereira, Julgamento 29.10.2012)

Nos TRTs, há divergência também quanto ao assunto. *Verbis*:

DANO MORAL. AUSÊNCIA DE ANOTAÇÃO DO VÍNCULO. EMPREGATÍCIO NA CTPS. NEGAÇÃO DE DIREITOS BÁSICOS DO TRABALHADOR. INDENIZAÇÃO COMPENSATÓRIA DEVIDA.

A reclamada cometeu fraude trabalhista mediante a não formalização do vínculo empregatício, cujo comportamento constitui grave atentado à ordem constitucional-trabalhista, consubstanciada, entre outros, na dignidade da pessoa do trabalhador e valorização do trabalho humano (arts. 1º, III e IV; 3º, I e III; 7º, *caput*; 170, *caput*; e 193, todos da CRFB), atingindo a honra e a dignidade do trabalhador, isto é, os direitos da personalidade (art. 5º, V e X, da CRFB), caracterizando-se, portanto, como ato ilícito (art. 186 do CC), gerador do dever de indenizar os danos morais *in re ipsa* impingidos à reclamante (art. 927 do CC c/c o art. 8º da CLT). Recurso da reclamante provido. (TRT-2 — RECURSO ORDINÁRIO EM RITO SUMARÍSSIMO RO 00004160820145020030 SP 00004160820145020030 A28 (TRT-2). Data de publicação: 6.3.2015.

O ato omissivo do empregador de não proceder à assinatura da CTPS pode, sim, causar danos morais ao empregado, mormente quando tal omissão impossibilita a contratação de crédito no comércio ou torna impossível a prova da experiência profissional. Ademais, a assinatura da CTPS revela-se direito primordial do empregado. Imprescindível ponderar, ainda, que a falta de assinatura na CTPS traz um sentimento de menos valia para o trabalhador, um sentimento de estar à margem do mercado de trabalho formal. Por isso, a CLT determina que a CTPS seja anotada no prazo máximo de 48 horas (art. 29). O art. 9º, da LC n. 150/2015, fixa o mesmo prazo, para as devidas anotações na CTPS, por parte do empregador doméstico.

Vale gizar que a Reforma Trabalhista, conforme registrado no Capítulo 3º, fixou os valores atuais para o empregador que não efetua a assinatura na CTPS do respectivo empregado.

6.4. REGISTROS INDEVIDOS NA CTPS

Sendo a CTPS um documento de identificação do empregado, o art. 29, § 4º, da CLT, proíbe ao empregador proceder a registro de condutas desabonadoras da imagem daquele, tais como: a) o motivo da dispensa (justa causa); b) faltas praticadas pelo trabalhador; c) ajuizamento de ações, com a indicação do número do processo. A anotação de apresentação de atestado médico, na CTPS, também caracteriza o dano extrapatrimonial, por macular a imagem do trabalhador, indo de encontro ao princípio da dignidade da pessoa humana.

Corroborando as teses supra, o entendimento dos tribunais trabalhistas acerca do assunto, *in verbis*:

> RECURSO DE REVISTA INTERPOSTO SOB A ÉGIDE DA LEI N. 13.015/2014 — INDENIZAÇÃO POR DANOS MORAIS. REGISTRO DE ATESTADO MÉDICO NA CTPS. A anotação de apresentação de atestado médico na CTPS constitui ação discriminatória que macula a imagem profissional do empregado, ato ilícito do empregador que gera direito a indenização por danos morais. Recurso de revista conhecido e provido. HORAS EXTRAS. VALIDADE DOS REGISTROS DE PONTO SEM ASSINATURA. Arestos inservíveis para comprovar divergência jurisprudencial. Óbice das Súmulas ns. 296, I, e 337, I, "a", do TST. Recurso de revista não conhecido. (RR — 1220-55.2011.5.20.0005, Relator Ministro: Márcio Eurico Vitral Amaro, Data de Julgamento: 8.6.2016, 8ª Turma, Data de Publicação: DEJT 10.6.2016)
>
> DANO MORAL. ANOTAÇÃO DA CTPS COM O REGISTRO DE CUMPRIMENTO DE ORDEM JUDICIAL. 1. O registro na CTPS de que sua anotação ou retificação teve como causa ação trabalhista ajuizada pelo empregado não constitui condição especial de trabalho amparada no art. 29, cabeça, da Consolidação das Leis do Trabalho, porquanto não se destina a esclarecer as circunstâncias da contratação, tampouco constitui informação de interesse da Previdência Social. 2. Embora o ajuizamento de ação judicial seja o mero exercício da cidadania, o registro na CTPS de que a anotação ou retificação do referido documento teve como causa determinação judicial, na realidade brasileira, constitui conduta desabonadora e abusiva do empregador, uma vez que o trabalhador que busca seus direitos na Justiça não é bem visto pelos empregadores, o que lhe dificulta uma nova colocação no mercado de trabalho e, por conseguinte, configura afronta extrapatrimonial do empregado, sujeitando o infrator à reparação do dano. 3. Frise-se que o § 4º do art. 29 da Consolidação das Leis do Trabalho veda expressamente o registro de circunstâncias desabonadoras, que devem ser entendidas como aquelas que têm o condão de causar, ainda que minimamente, algum prejuízo ao trabalhador em sua colocação no mercado de trabalho. 4. Precedentes. 5. Recurso de Revista conhecido e provido. (RR — 122800-74.2009.5.15.0033, Relator Desembargador Convocado: Marcelo Lamego Pertence, Data de Julgamento: 18.5.2016, 1ª Turma, Data de Publicação: DEJT 20.5.2016)
>
> RECURSO DE REVISTA — DANO MORAL — ANOTAÇÃO NA CARTEIRA DE TRABALHO DO EMPREGADO DE CUMPRIMENTO DE ORDEM JUDICIAL — EXTRAPOLAÇÃO DOS LIMITES INSCRITOS NO COMANDO JUDICIAL — ATITUDE DESAIROSA — ATITUDE COM INTENÇÃO SUBLIMINAR DE PREJUÍZO AO EMPREGADO. Configura-se como dano de ordem moral a atitude do empregador que, ao valer-se de determinação judicial, processa anotação na Carteira de Trabalho do empregado com indevida indicação de que referida anotação se fazia por força de comando sentencial. Dessa atitude, com intenções subliminares, extraem-se facilmente os prejuízos sofridos pelo empregado, mormente se considerarmos a situação econômica dos dias atuais, em que o emprego formal torna-se cada vez mais escasso, sendo de conhecimento geral que as empresas adotam como critério de seleção a verificação de ajuizamento de reclamação trabalhista anterior pelo candidato ao emprego, em conduta evidentemente discriminatória, que também merece ser punida na esfera própria. A atitude do empregador denota, no mínimo, desaire, não prosperando a sua escusa no sentido de que

cumprira ordem judicial, pois a tanto não chegam os julgadores que, sabedores dos critérios de avaliação adotados pelas empresas, assim não determinariam referida anotação, pois em dissonância, inclusive, com as orientações da própria Justiça do Trabalho que, para preservação dos empregados que dela fazem uso do direito de ação, constitucionalmente previsto, proibira o acesso a informações acerca de ajuizamento de reclamações partindo-se da indicação do nome do reclamante. Assim, tal circunstância não exime o empregador da sua culpa. Recurso de revista conhecido e provido. (TST-RR — 12400-59.2009.5.12.0038, Rel. Min: Luiz Philippe Vieira de Mello Filho, 1ª Turma, DEJT 5.8.2011).

INDENIZAÇÃO POR DANOS MORAIS — ANOTAÇÃO NA CTPS DO RECLAMANTE — APOSIÇÃO DE QUE A REINTEGRAÇÃO TERIA DECORRIDO DE PROCESSO JUDICIAL. 1. O patrimônio moral a ser reparado em caso de dano é constituído pela intimidade, vida privada, honra e imagem da pessoa (CF, art. 5º, X), não sendo qualquer sofrimento psicológico passível de indenização, senão aquele decorrente diretamente da violação daqueles bens constitucionalmente tutelados. 2. Na hipótese dos autos, a Turma registrou que a Reclamada teria anotado a Carteira de Trabalho e Previdência Social (CTPS) com a expressa menção de que a reintegração teria decorrido de processo judicial. 3. Tal fato, segundo entende este Relator, não seria suficiente a ensejar a caracterização de abalo moral, à luz do texto constitucional. Isso porque: a) o registro lançado na CTPS é verídico; b) não se pode presumir que a Empresa tenha agido de má-fé; c) a única pecha que estaria sendo atribuída ao Empregado seria a de ter exercido seu legítimo direito de ação, não decorrendo daí, de per si, estigma para o empregado; d) se o empregador não proceder ao registro, a CTPS será anotada pela secretaria da própria Vara do Trabalho, nos termos do art. 39, § 1º, da CLT. 4. Contudo, a jurisprudência da SBDI-1 desta Corte, com ressalva de entendimento deste Relator, segue no sentido de que é devida a indenização por danos morais nas hipóteses em que o empregador apõe registro na CTPS do Reclamante, especificando que a anotação decorreu de sentença judicial, à luz do disposto nos arts. 29, § 4º, da CLT e 186, 187 e 927 do Código Civil. 5. Assim, deve ser restabelecida a sentença que fixou a indenização por danos morais em R$ 10.000,00 (dez mil reais). Embargos conhecidos e providos. (TST-E-RR — 139900-94.2009.5.20.0003, Rel. Min: Ives Gandra Martins Filho, SBDI-1, DEJT 22.6.2012).

6.5. DANO EXISTENCIAL E EMPREGADO DOMÉSTICO

A doutrina e a jurisprudência vêm apresentando as diferenças, sobretudo no aspecto conceitual, entre os institutos jurídicos do dano moral e do dano existencial.

Dano existencial é aquele que prejudica o projeto de vida do indivíduo, seja no aspecto social, pessoal, familiar ou profissional, como se dá na exigência da prestação de horas extras, além do limite permitido em lei, bem como nos casos de supressão de períodos de lazer, durante lapso de tempo considerável, por frustrar o convívio social e/ou familiar, bem como por impossibilitar o desenvolvimento intelectual.

As ementas abaixo são bastante esclarecedoras, quanto à distinção entre o dano moral e o existencial, sobretudo no campo da configuração, *verbis*:

DANO EXISTENCIAL. DANO MORAL. DIFERENCIAÇÃO. CARGA DE TRABALHO EXCESSIVA. FRUSTRAÇÃO DO PROJETO DE VIDA. PREJUÍZO À VIDA DE RELAÇÕES. O dano moral se refere ao sentimento da vítima, de modo que sua dimensão é subjetiva e existe *in re ipsa*, ao passo que o dano existencial diz respeito às alterações prejudiciais no cotidiano do trabalhador, quanto ao seu projeto de vida e suas relações sociais, de modo que sua constatação é objetiva. Constituem elementos do dano existencial, além do ato ilícito, o nexo de causalidade e o efetivo prejuízo, o dano à realização do projeto de vida e o prejuízo à vida de relações. Caracteriza-se o dano existencial quando o empregador impõe um volume excessivo de trabalho ao empregado, impossibilitando-o de desenvolver seus projetos de vida nos âmbitos profissional, social e pessoal, nos termos dos arts. 6º e 226 da Constituição Federal. O trabalho extraordinário habitual, muito além dos limites legais, impõe ao empregado o sacrifício do desfrute de sua própria existência e, em última análise, despoja-o do direito à liberdade e à dignidade humana. Na hipótese dos autos, a carga de trabalho do autor deixa evidente a prestação habitual de trabalho em sobrejornada excedente ao limite legal, o que permite a caracterização de dano à existência, eis que é empecilho ao livre desenvolvimento do projeto de vida do trabalhador e de suas relações sociais. Recurso a que se dá provimento para condenar a ré ao pagamento de indenização por dano existencial. (TRT-PR-28161-2012-028-09-00-6-ACO-40650-2013 — 2ª Turma — Relator: Ana Carolina Zaina — Publicado no DEJT em 11.10.2013).

RECURSO DE REVISTA DA RECLAMADA — DANO EXISTENCIAL — DANO À PERSONALIDADE QUE IMPLICA PREJUÍZO AO PROJETO DE VIDA OU À VIDA DE RELAÇÕES — NECESSIDADE DE COMPROVAÇÃO DE LESÃO OBJETIVA NESSES DOIS ASPECTOS — NÃO DECORRÊNCIA IMEDIATA DA PRESTAÇÃO DE SOBREJORNADA — ÔNUS PROBATÓRIO DO RECLAMANTE. O dano existencial é um conceito jurídico oriundo do Direito civil italiano e relativamente recente, que se apresenta como aprimoramento da teoria da responsabilidade civil, vislumbrando uma forma de proteção à pessoa que transcende os limites classicamente colocados para a noção de dano moral.

Nessa trilha, aperfeiçoou-se uma resposta do ordenamento jurídico àqueles danos aos direitos da personalidade que produzem reflexos não apenas na conformação moral e física do sujeito lesado, mas que comprometem também suas relações com terceiros.

Mais adiante, a doutrina se sofisticou para compreender também a possibilidade de tutela do sujeito não apenas quanto às relações concretas que foram comprometidas pelas limitações decorrentes da lesão à personalidade, como também quanto às relações que potencialmente poderiam ter sido construídas, mas que foram suprimidas da esfera social e do horizonte de alternativas de que o sujeito dispõe.

Nesse sentido, o conceito de projeto de vida e a concepção de lesões que atingem o projeto de vida passam a fazer parte da noção de dano existencial, na esteira da jurisprudência da Corte Interamericana de Direitos Humanos. O conceito foi aos poucos sendo absorvido pelos Tribunais Brasileiros, especificamente na seara civil, e, mais recentemente, tem sido pautado no âmbito da Justiça do Trabalho. No âmbito da doutrina justrabalhista o conceito tem sido absorvido e ressignificado para o contexto das relações de trabalho como representativo das violações de direitos e limites inerentes ao contrato de trabalho que implicam, além de danos materiais ou porventura danos morais ao trabalhador, igualmente, danos ao seu projeto de vida ou à chamada "vida de relações".

Embora exista no âmbito doutrinário razoável divergência a respeito da classificação do dano existencial como espécie de dano moral ou como dano de natureza extrapatrimonial estranho aos contornos gerais da ofensa à personalidade, o que se tem é que dano moral e dano existencial não se confundem, seja quanto aos seus pressupostos, seja quanto à sua comprovação. Isto é, embora uma mesma situação de fato possa ter por consequência as duas formas de lesão, seus pressupostos e demonstração probatória se fazem de forma peculiar e independente. No caso concreto, a Corte regional entendeu que o reclamante se desincumbiu do ônus de comprovar o dano existencial tão somente em razão de o trabalhador ter demonstrado a prática habitual de sobrejornada. Entendeu que o corolário lógico dessa prova seria a compreensão de que houve prejuízo às relações sociais do sujeito, dispensando o reclamante do ônus de comprovar o efetivo prejuízo à sua vida de relações ou ao seu projeto de vida.

Portanto, extrai-se que o dano existencial foi reconhecido e a responsabilidade do empregador foi declarada à míngua de prova específica do dano existencial, cujo ônus competiria ao reclamante. Embora exista prova da sobrejornada, não houve na instrução processual demonstração ou indício de que tal jornada tenha comprometido as relações sociais do trabalhador ou seu projeto de vida, fato constitutivo do direito do reclamante.

É importante esclarecer: não se trata, em absoluto, de negar a possibilidade de a jornada efetivamente praticada pelo reclamante na situação dos autos (ilicitamente fixada em 70 horas semanais) ter por consequência a deterioração de suas relações pessoais ou de eventual projeto de vida: trata-se da impossibilidade de presumir que esse dano efetivamente aconteceu no caso concreto, em face da ausência de prova nesse sentido. Embora a possibilidade abstratamente exista, é necessário que ela seja constatada no caso concreto para sobre o indivíduo recaia a reparação almejada. Demonstrado concretamente o prejuízo às relações sociais e a ruína do projeto de vida do trabalhador, tem-se como comprovado, *in re ipsa*, a dor e o dano a sua dignidade. O que não se pode admitir é que, comprovada a prestação em horas extraordinárias, extraia-se daí automaticamente a consequência de que as relações sociais do trabalhador foram rompidas ou que seu projeto de vida foi suprimido do seu horizonte. Recurso de revista conhecido e provido. (Recurso de Revista n. TST-RR-523-56.2012.5.04.0292 Data de Julgamento: 26.8.2015, Relator Ministro: Vieira de Mello Filho, 7ª Turma, Data de Publicação: DEJT 28.8.2015).

As ementas abaixo, da lavra de Turmas diversas, espelham o entendimento da Alta Corte trabalhista quanto à configuração do dano existencial, *ipsis litteris*:

PRETENSÃO DE REPARAÇÃO DE DANOS EXISTENCIAIS COM FUNDAMENTO NO MERO INADIMPLEMENTO DAS HORAS DE PERCURSO, TEMPO À DISPOSIÇÃO E INTERVALO DO ART. 384 DA CLT. IMPROCEDÊNCIA. O dano existencial consiste em espécie de dano extrapatrimonial e tem como principal característica a frustração do projeto de vida ou da vida de relação do trabalhador, impedindo a sua efetiva integração à sociedade e o seu pleno desenvolvimento enquanto ser humano, em decorrência de ato ilícito do empregador. Na hipótese dos autos, entretanto, a reclamante associa o dano existencial ao fato de que, em decorrência do descumprimento das obrigações trabalhistas pela reclamada, deixou de auferir aproximadamente R$ 150,00 (cento e cinquenta reais) por mês, valor que, conforme alegado pela autora, poderia ter sido utilizado para aquisição de casa própria, veículo, móveis, vestuário, curso de capacitação e até aquisição de alimentos, o que melhoraria as suas condições de vida e de existência e de seus dependentes. A conduta da empregadora, em que pese reprovável, não configurou, por si só, óbice à execução, ao prosseguimento ou ao recomeço dos projetos de vida da autora. Com efeito, o mero inadimplemento das obrigações trabalhistas por parte da empregadora, relativamente ao período contratual de 1º.11.2012 até 20.3.2013, não é suficiente, por si só, para ensejar a reparação por danos existenciais, visto que esta espécie de dano não se caracteriza apenas pela frustração decorrente da perda de acréscimo patrimonial, pois depende também da efetiva indicação do dano concreto à realização do projeto de vida ou do prejuízo à vida de relações do empregado, o que não ocorreu no caso dos autos. Recurso de revista não conhecido. (Processo: RR — 11628-88.2013.5.18.0103 Data de Julgamento: 15.4.2015, Relator Ministro: José Roberto Freire Pimenta, 2ª Turma, Data de Publicação: DEJT 8.5.2015).

RECURSO DE REVISTA. DANO MORAL. DANO EXISTENCIAL. SUBMISSÃO A JORNADA EXTENUANTE. PREJUÍZO NÃO COMPROVADO. O dano existencial é espécie de dano imaterial. No caso das relações de trabalho, o dano existencial ocorre quando o trabalhador sofre dano/limitações em relação à sua vida fora do ambiente de trabalho em razão de condutas ilícitas praticadas pelo empregador, impossibilitando-o de estabelecer a prática de um conjunto de atividades culturais, sociais, recreativas, esportivas, afetivas, familiares, etc., ou de desenvolver seus projetos de vida nos âmbitos profissional, social e pessoal. Não é qualquer conduta isolada e de curta duração, por parte do empregador, que pode ser considerada como dano existencial. Para isso, a conduta deve perdurar no tempo, sendo capaz de alterar o objetivo de vida do trabalhador, trazendo-lhe um prejuízo no âmbito de suas relações sociais. Na hipótese dos autos, embora conste que o Autor se submetia frequentemente a uma jornada de mais de 15 horas diárias, não ficou demonstrado que o Autor tenha deixado de realizar atividades em seu meio social ou tenha sido afastado do seu convívio familiar para estar à disposição do Empregador, de modo a caracterizar a ofensa aos seus direitos fundamentais. Diferentemente do entendimento do Regional, a ofensa não pode ser presumida, pois o dano existencial, ao contrário do dano moral, não é *"in re ipsa"*, de forma a se dispensar o Autor do ônus probatório da ofensa sofrida. Não houve demonstração cabal do prejuízo, logo o Regional não observou o disposto no art. 818 da CLT, na medida em que o Reclamante não comprovou o fato constitutivo do seu direito. Recurso de Revista conhecido e provido. (Processo: RR — 1443-94.2012.5.15.0010 Data de Julgamento: 15.4.2015, Relatora Ministra: Maria de Assis Calsing, 4ª Turma, Data de Publicação: DEJT 17.4.2015).

AGRAVO DE INSTRUMENTO EM RECURSO DE REVISTA. ACÓRDÃO PUBLICADO ANTES DA VIGÊNCIA DA LEI N. 13.015/2014. DANO MORAL EXISTENCIAL. O Regional consignou que o reclamante laborava em regime de 4 x 2, cumprindo jornadas de 12 horas em 4 dias consecutivos, seguidos de 2 dias de folga, sem respeito ao intervalo normativo de 36 horas. Contudo, concluiu que, embora extensa a jornada, não restou demonstrado o prejuízo para o convívio familiar e social do obreiro, asseverando que, no caso, o dano não ocorre *in re ipsa*. De fato, ainda que a prestação habitual de horas extras cause transtornos ao empregado, tal circunstância não é suficiente para ensejar o deferimento da indenização por dano existencial, sendo imprescindível, na hipótese, a demonstração inequívoca do prejuízo que, no caso, não ocorre *in re ipsa*. Precedentes. Agravo de instrumento não provido. (Processo: AIRR — 647-66.2013.5.04.0013 Data de Julgamento: 22.4.2015, Relator Desembargador Convocado: Breno Medeiros, 8ª Turma, Data de Publicação: DEJT 24.4.2015).

Pelo fio do exposto, entendemos que o empregado doméstico pode ser vítima de dano existencial, quando, por exemplo, laborar, por diversos anos, sem gozar férias, quando trabalhar em sobrejornada por considerável lapso temporal, entre outras hipóteses em que haja o dano ao projeto de vida do trabalhador.

CAPÍTULO 7º
ALGUMAS ESPECIFICIDADES DA RELAÇÃO DE EMPREGO DOMÉSTICO TRAZIDAS PELA LC N.150/2015

Como um voo de pássaro, apresentaremos algumas peculiaridades oriundas da relação de emprego doméstico, preconizadas na LC n. 150/2015.

7.1. FISCALIZAÇÃO E IMPENHORABILIDADE DO BEM DE FAMÍLIA

No Capítulo V, da LC n. 150/2015, que trata das Disposições Finais, encontramos duas inovações legislativas importantes, que não podem passar despercebidas. Assim, registraremos, de forma sucinta, tais inovações.

A primeira diz respeito à fiscalização/verificação pelo Auditor Fiscal do Trabalho, no âmbito do domicílio do empregador, do cumprimento das normas que regem o trabalho doméstico. Esta fiscalização será realizada com acompanhamento do empregador ou de alguém de sua família; sua natureza será orientadora e deverá ser observado, em regra, o critério da dupla visita para lavratura de auto de infração. Nesse sentido, o art. 44, *verbis*:

> Art. 44. A Lei n. 10.593, de 6 de dezembro de 2002, passa a vigorar acrescida do seguinte art. 11-A:
>
> Art. 11-A. A verificação, pelo Auditor-Fiscal do Trabalho, do cumprimento das normas que regem o trabalho do empregado doméstico, no âmbito do domicílio do empregador, dependerá de agendamento e de entendimento prévios entre a fiscalização e o empregador.
>
> § 1º A fiscalização deverá ter natureza prioritariamente orientadora.
>
> § 2º Será observado o critério de dupla visita para lavratura de auto de infração, salvo quando for constatada infração por falta de anotação na Carteira de Trabalho e Previdência Social ou, ainda, na ocorrência de reincidência, fraude, resistência ou embaraço à fiscalização.
>
> § 3º Durante a inspeção do trabalho referida no caput, o Auditor-Fiscal do Trabalho far-se-á acompanhar pelo empregador ou por alguém de sua família por este designado.

Outra inovação consta do art. 46, primeira parte, da LC n. 150/2015, que revogou o inciso I, do art. 3º, da Lei n. 8.009/1990, que dispunha sobre a penhorabilidade do bem de família em razão dos créditos de trabalhadores da própria residência e das respectivas contribuições previdenciárias. Portanto, a partir da LC n. 150/2015, o bem de família não poderá mais ser penhorado para pagamento de dívidas de trabalhadores da própria residência e das respectivas contribuições previdenciárias.

7.2. SIMPLES DOMÉSTICO

A partir da Lei Complementar n. 150/2015, o empregador doméstico deverá recolher uma quantidade razoável de impostos, devidos diante da contratação de um empregado doméstico. Desta forma, para facilitar o pagamento desses tributos, a referida lei complementar instituiu o chamado "Simples Doméstico", que é um regime unificado para o pagamento de todos os impostos decorrentes da relação empregatícia. O pagamento do simples doméstico abrangerá os seguintes impostos: a) de 8% a 11% a título de contribuição previdenciária; b) 8% de contribuição patronal previdenciária; c) 0.8% de contribuição social, com o objetivo de financiar o seguro contra acidentes de trabalho; d) 8% a título de FGTS; e) 3,2% a título de multa rescisória, que será revertida a favor do empregador em caso de pedido de demissão ou dispensa por justa causa; f) se for o caso, IRRF (Imposto de Renda Retido na Fonte).

Para a realização da prestação de informação ao Simples Doméstico, bem como para a emissão do Documento de Arrecadação do Empregador — DAE, o empregador deve acessar o Módulo do Empregador Doméstico, disponível no Portal do eSocial (<www.esocial.gov.br>).

O empregado e o empregador domésticos serão identificados no Simples Doméstico pelo número de inscrição no CPF. Não é necessária a realização de qualquer outro cadastro do empregador doméstico. Para efetuar o recolhimento do FGTS e o pagamento dos tributos, o empregador deverá gerar a guia no Módulo do Empregador Doméstico, do Simples Doméstico. O recolhimento deverá ser feito até o dia 7 do mês subsequente ao vencido, antecipando-se para o dia útil imediatamente em caso de feriado bancário.

O empregador doméstico contribuirá com 8% do salário contratual do empregado, a título de contribuição previdenciária. Essas contribuições incidirão também sobre os pagamentos do 13º salário, das férias, exceto das férias indenizadas. Apenas o recolhimento da contribuição previdenciária sobre o 13º salário não segue o prazo acima, porquanto este deverá ser efetuado até o dia 20 de dezembro.

7.3. DISPENSA POR JUSTA CAUSA

O art. 27, da LC n. 150/2015, relaciona as faltas que implicam a rescisão do contrato por justa causa por iniciativa do empregador doméstico. As faltas são as seguintes: a) submissão a maus tratos de idoso, de enfermo, de pessoa com deficiência ou de criança sob cuidado direto ou indireto do empregado; b) prática de ato de improbidade — caracteriza-se pela prática de atos desonestos; são geralmente os crimes contra o patrimônio; c) incontinência de conduta ou mau procedimento — a incontinência de conduta se mostra pelas atitudes do empregado incompatíveis com a moral sexual. Já o mau procedimento ocorre quando o empregado toma atitudes incompatíveis com o ambiente de trabalho, mas sem importar em incontinência de conduta, como, por exemplo, excessos verbais e brincadeiras inoportunas; d) condenação criminal do empregado transitada em julgado, caso não tenha havido suspensão da execução da pena — as condenações criminais somente serão motivos de justa causa, quando impedirem a continuidade física da prestação laboral; e) desídia no desempenho das respectivas funções — configura-se pela violação de deveres e obrigações contratuais, por parte do empregado, como exemplo, podemos citar as faltas e atrasos reiterados ao serviço, sem justificativa; f) embriaguez habitual ou em serviço; g) ato de indisciplina ou de insubordinação; h) abandono de emprego, assim considerada a ausência injustificada ao serviço por, pelo menos, 30 dias corridos; i) ato lesivo à honra ou à boa fama (calúnia, injúria, difamação) ou ofensas físicas praticadas em serviço contra qualquer pessoa, salvo em caso de legítima defesa, própria ou de outrem ; j) ato lesivo à honra ou à boa fama ou ofensas físicas praticadas contra o empregador doméstico ou sua família, salvo em caso de legítima defesa, própria ou de outrem; k) prática constante de jogos de azar — são aqueles que envolvem apostas e que a sorte é o único elemento determinante para se ganhar ou perder.

A Lei n. 13.467/2017 acrescentou ao art. 482, da CLT, a alínea "m", ou seja, a referida lei trouxe mais uma situação que caracteriza justa causa do empregado, qual seja: "perda da habilitação ou dos requisitos estabelecidos em lei para o exercício da profissão, em decorrência de conduta dolosa do empregado." Entendemos que a alínea "m" é aplicável aos contratos de emprego referentes aos domésticos, à luz de uma interpretação sistemática. Seria, por exemplo, o caso de um motorista, de um enfermeiro, domésticos, que viessem a perder habilitação ou dos requisitos estabelecidos em lei para o exercício da profissão, em decorrência de conduta dolosa.

7.4. RESCISÃO INDIRETA — JUSTA CAUSA DO EMPREGADOR

De acordo com o parágrafo único, do art. 27, da LC n. 150/2015, o contrato de trabalho poderá ser rescindido por culpa do empregador (rescisão indireta), quando: a) o empregador exigir serviços superiores às forças do empregado doméstico, defesos por lei, contrários aos bons costumes ou alheios ao contrato; b) o empregado doméstico for tratado pelo empregador ou por sua família com rigor excessivo ou de forma degradante; c) o empregado doméstico correr perigo manifesto de mal considerável; d) o empregador não cumprir as obrigações do contrato; e) o empregador ou sua família praticar, contra o empregado doméstico ou pessoas de sua família, ato lesivo à honra e à boa fama; f) o empregador ou sua família ofender o empregado doméstico ou sua família fisicamente, salvo em caso de legítima defesa, própria ou de outrem; g) o empregador praticar qualquer das formas de violência doméstica ou familiar contra mulheres, a saber, qualquer ação ou omissão baseada no gênero que lhe cause morte, lesão, sofrimento físico, sexual ou psicológico e dano moral ou patrimonial (art. 5º, da Lei n. 11.340/2006 — "Lei Maria da Penha").

REFERÊNCIAS BIBLIOGRÁFICAS

BARROS, Alice Monteiro de. *Curso de Direito do Trabalho*. 10. ed. São Paulo: LTr, 2016.

CASSAR, Vólia Bomfim. *Direito do trabalho*: de acordo com a reforma trabalhista. Rio de Janeiro: Forense; São Paulo: Método, 2017.

_____. *Direito do Trabalho*. 11. ed. Rio de Janeiro: Forense; São Paulo: Método, 2015.

DELGADO, Mauricio Godinho; DELGADO, Gabriela Neves. *A reforma trabalhista no Brasil*. São Paulo: LTr, 2017.

DELGADO, Mauricio Godinho. *Curso de Direito do Trabalho*. 15. ed. São Paulo: LTr, 2016.

FREITAS, Christiano Abelardo Fagundes; PAIVA, Léa Cristina Barboza da Silva. *Manual dos Direitos Trabalhistas do Empregado e do Empregador Doméstico*. São Paulo: LTr, 2014.

_____. *Compêndio dos direitos trabalhistas dos empregados domésticos*. Rio de Janeiro: Autografia, 2017.

_____. *Curso de Direito Individual do Trabalho*. São Paulo: LTr, 2005.

_____. *Direitos e Deveres do Empregado e do Empregador Doméstico*. Campos dos Goytacazes: FAFIC, 2005.

_____. *Curso de Direito Individual do Trabalho*. Campos dos Goytacazes: FAFIC, 2005.

_____. *Empregado Doméstico*: direitos e deveres. São Paulo. Método, 2006.

LEITE, Carlos Henrique Bezerra. *Curso de Direito do Trabalho*. 7. ed. São Paulo: Saraiva, 2016.

MANUS, Pedro Paulo Teixeira. *Direito do Trabalho*. 16. ed. São Paulo: Atlas, 2015.

MARTINS, Sergio Pinto. *Direito do Trabalho*. 21. ed. São Paulo: Atlas, 2005.

_____. *Comentários à CLT*. 7. ed. São Paulo: Atlas, 2003.

MIESSA, Élisson; CORREIA, Henrique; MIZIARA, Raphael; LENZA, Breno. *CLT comparada com a reforma trabalhista*. Salvador: Juspodivm, 2017.

MOURA, Marcelo. *Curso de Direito do Trabalho*. São Paulo: Saraiva, 2014.

ROMAR, Carla Teresa Martins. *Direito do Trabalho Esquematizado*. São Paulo: Saraiva, 2018.

SARAIVA, Renato; SOUTO, Rafael Tonassi. *Direito do Trabalho*. 18. ed. Salvador: Juspodivm, 2016.

SILVA, Homero Batista Mateus da. *Comentários à reforma trabalhista*. São Paulo: Revista dos Tribunais, 2017.

LIVROS PUBLICADOS EM COAUTORIA

FREITAS, Christiano Abelardo Fagundes; PAIVA, Léa Cristina Barboza da Silva. *Curso de Direito Individual do Trabalho*. Campos dos Goytacazes (RJ): FAFIC, 2005.

_____. *Direitos e Deveres do Empregado e do Empregador Doméstico*. Campos dos Goytacazes (RJ): FAFIC, 2005.

_____. *Curso de Direito Individual do Trabalho* — com resolução de questões da OAB. São Paulo: LTr, 2005.

_____. *Empregado Doméstico* — Direitos e Deveres. São Paulo: Método, 2006.

_____. *Manual de Direito do Trabalho e Processo do Trabalho*. 2. ed. Campos dos Goytacazes (RJ): GRAFIMAR, 2011.

_____. *Manual dos direitos trabalhistas do empregado e do empregador doméstico*. São Paulo: LTr, 2014.

_____. *Manual de Petições Cíveis e Trabalhistas*. 3. ed. São Paulo: LTr, 2015.

_____. *Compêndio dos direitos trabalhistas dos empregados domésticos*. Rio de Janeiro: Autografia, 2017.

LIVROS PUBLICADOS PELO 1º AUTOR

FREITAS, Christiano Abelardo Fagundes. *Canções e Poesias*: Momentos (di)versos. Campos dos Goytacazes (RJ): FAFIC, 2005.

_____. *Dicas de Português para o Exame da OAB e Concursos*. São Paulo: LTr, 2007.

_____. *O Verso e o Avesso do Bordado*. Campos dos Goytacazes (RJ): GRAFIMAR, 2010.

_____. *Melhorando o Português no Exame da OAB com dicas do Acordo Ortográfico*. 4. ed. São Paulo: LTr, 2016.

_____. *Vida Jagunça*. 3. ed. Rio de Janeiro: Autografia, 2017.

ARTIGOS PUBLICADOS EM COAUTORIA EM REVISTAS E LIVROS

FREITAS, Christiano Abelardo Fagundes; PAIVA, Léa Cristina Barboza da Silva. Recentes Alterações na Lei do Aviso Prévio. *Revista da Faculdade de Direito de Campos*. 2013.

_____. *Hipoteca Judiciária*: instituto que dorme no papel. Diálogo Jurídico. Campos dos Goytacazes (RJ): GRAFIMAR, 2013.

_____. O Menor Sucessor e a Prescrição Trabalhista. *Revista de Trabalhos Acadêmicos- Universo Campos dos Goytacazes*. 2014.

_____. O menor sucessor e a prescrição trabalhista. *Revista da Faculdade de Direito de Campos*. 2015.

_____. Da Aplicação Subsidiária dos arts. 64 e 65 do Novo CPC ao Processo do Trabalho. *Revista da Faculdade de Direito de Campos*. 2016.

_____. O Direito ao Recebimento das Férias Proporcionais na Dispensa com Justa Causa. *Temas de Direito em Foco*. Autografia. 2017.

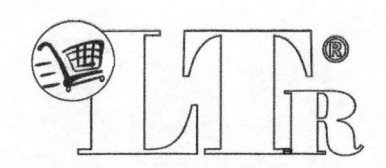

LOJA VIRTUAL
www.ltr.com.br

E-BOOKS
www.ltr.com.br